愚《ぐ》恋《れん》に説法

恋の病に効く30の処方箋

大愚元勝

愚《ぐ》恋《れん》に説法

恋の病に効く30の処方箋

大愚元勝

はじめに

「え、お坊さんに恋バナ？」

この本を手に取った方はそう思われるかもしれません。しかし、仏教に精通するお坊さんは、恋愛相談にうってつけの相手なんです。理由は２つ。

①お葬式を通して幸せな最期《さいご》を迎えた人の人生に触れているから

②仏教を説いたブッダは心の操縦術のマスターだから

つまり「幸せな結婚生活を送ってきた人」がどんな生き方をしてきたのかというサンプルを知り尽くし、さらにはブッダの教えという、自分や相手の心を理解するための**「最強の攻略本」**を持っているのが、お坊さんなのです。

申し遅れました。私、大愚元勝《たいぐげんしょう》と申します。愛知県にある福厳寺《ふくごんじ》で住職を務める傍ら、YouTubeで全国の老若男女のお悩み相談を受けることもしています。驚くことに現在約4500人の方が回答待ち状態にあり、私の元に届く相談の中には恋愛や結婚にまつわる悩みも少なくありません。

恋をして傷つく「自分」はどこにあるのか

実は私がYouTubeチャンネル「大愚和尚の一問一答」を始めたのは、17歳の少女からの失恋相談がきっかけでした。彼女は恋愛で傷つき、拒食症・過食症・リストカットを繰り返し、お母さんに連れられて私の元へやって来たのです。

ボロボロの状態で苦しみもがいていた彼女は、私の目の前で手首を切りつけました。思わず手を掴んだ私に、彼女は言ったのです。

「私の命だから、私の人生だから、勝手でしょ!?　あんたにとやかく言われたくない!!」

彼女の言う「私」は、「心」でしょうか。それとも「身体《からだ》」でしょうか。

細い手首には、すでに傷が塞がったリストカットの痕がたくさんありました。

失恋で辛い思いをして傷ついた身体《からだ》は、命が停止するその瞬間までずっと生き続けようとし、その傷を必死で修復していたのです。

でも、彼女の「心」は「死にたい」とのたまっていました。


「私＝心」なのです。


好きな人を前に浮かれるのも、恋人の裏切りに悲しみ、絶望するのも全部、心のせい。あなたを振り回す感情全てが、心の中で起きていることです。

恋をして心が深く傷つくと、私たち人間は食欲や気力がなくなったり、会社に行けなくなったり、人生がぐちゃぐちゃになるほど翻弄されてしまう。

なぜそうなるのでしょうか。それは、心優先で生きているから。このままでは、自分をコントロールできずに、生きるのがさらに辛くなってしまいます。

愚かな恋に振り回される私たちに必要なのが、自分の命を運ぶこと、つまり**「運命」の操縦**です。ブッダは、それを２６００年前から教えてくれています。

恋愛も結婚も無理ゲーな時代に運命を変える術《すべ》はあるのか

現代社会では普段、合わない人をミュート&ブロックし、深い人間関係を遠ざけて生きています。でもひとたび恋をすると、自分の本能や心が強烈に「あの人の傍に行きたい」と訴えます。

普段と真逆のことをしようと足掻《あが》くのだから、恋愛がものすごく難しく感じられて当然です。まさに、〝無理ゲー〟ですよね。

しかし、ブッダは説きました。それでも**「運命は変えられる」**と。

ブッダは別名「医者の王」、現代でいう心理学者であり精神科医でもある、心の病の専門家でした。さらには人生の達人で、あらゆる心理学の本や、恋愛本、自己啓発本で説かれていることは、全部もう、ブッダがすでに語っていることです。頼もしいですよね。

そのブッダは、運命を変えるには、シンプルに「悪いことをやめて善いことをし、そして心を清らかに保ちなさい」と説いています。

ただし、仏教でいう〔**善悪**〕は、道徳的な判断基準だけではありません。

善悪

・仏教の善＝「あんた、巧みねえ」
・仏教の悪＝「あんた、下手ねえ」

なぜか自分より恋愛も仕事も全部うまくいっている人、それが「巧み」です。もっと簡単に言うと、仏教の善悪とは「人間関係の上手・下手」です。

「巧みではない人生」を脱したい時、恋は人生を変える大きなチャンスとなり得ます。なぜなら、人との関わりを無理やりにでも練習できる時間だからです。恋に破れた時、心を砕いて終わるのではなく、心を操縦できるようになれば、その先の恋愛、さらには人生が好転していくでしょう。

人間の悩みの9割は、心が原因です。つまり、心の全てを解明すれば何事も解決できる。これが「ブッダの悟り」です。

この本では、ブッダの説いた「苦を手放して、しなやかに明るく生きていく」という教えをベースに、恋愛の出会い、失恋、不倫、性の悩みまで、あらゆる心の沼から這い上がっていく方法を紐解いていきます。

あなたが「巧みに恋愛したい！」と思ってページをめくれば、本書はきっと運命を変えるための「攻略本」になるはずです。

さあ、運命を変える準備はできていますか？

2 はじめに

第1章 出会いの悩み

14 好きになれそうな人との出会いが全くありません
20 メッセージも食事もダルい！　マッチングアプリで恋を探すことに疲れました
26 いい歳して「恋人いない歴＝年齢」って引かれますよね？
32 「付き合ってはいけない人」の見極め方が正直わかりません

第2章 片思いの悩み

40 好きな人から返信がないと食欲がなくなり何も手につかなくなります
46 5回以上デートしても関係が進展しないのは脈なしってことですか？
52 アプリで出会った人と1回デートしたら音信不通になっちゃいました
58 関係を壊すのが怖くて職場の同僚になかなか告白できません
64 心が悲鳴を上げるほど苦しい片思いを諦める方法はあるのでしょうか？
70 好きな人のSNSチェックがどうしてもやめられません

第3章　恋人・パートナーの悩み

76　付き合ってから明らかに連絡頻度が低くなったのは私に飽きたからですか？
82　付き合ってみたものの蛙化現象してしまいました
88　恋人が友達との遊びやゲームを優先して全然かまってくれません
94　「今は結婚する気がない」と恋人に言われてしまいました

第4章　失恋の悩み

102　失恋ってなぜこんなにも苦しいのでしょうか？
108　元恋人のことが好きすぎてこれ以上好きになれる人ができる気がしません
114　失恋から立ち直るために「今すべきこと」を教えてください！
120　別れた恋人と友達になるのはアリだと思いますか？
126　恋人を傷つけずにお別れする方法ってあるんでしょうか？
132　また一から誰かと出会って仲良くなり付き合うなんて考えるだけで絶望します

第5章 浮気・不倫の悩み

140 浮気性な人ばかり好きになっちゃうのって理由があるんでしょうか？
146 恋人の言動が怪しい！　浮気を暴くにはどうしたらいいですか？
152 パートナーに不倫されて1年経ってもまだ立ち直ることができません
158 不倫をしたパートナーのことを許してもいいですか？
164 不倫相手がパートナーよりも自分を優先してくれるのは愛されている証拠ですよね？

第6章 性・セックスの悩み

172 いい歳して処女だなんて恥ずかしくて誰にも言えません
178 女性用風俗で心を満たすのはアリですか？
184 交際前にセックスをしたら付き合うのはもう無理なのでしょうか？
190 パートナーとのセックスが3か月に1回ってやっぱり問題ですよね？
196 結婚できないまま子どもを持てない年齢になってしまいました

202 おわりに

第1章
出会いの悩み

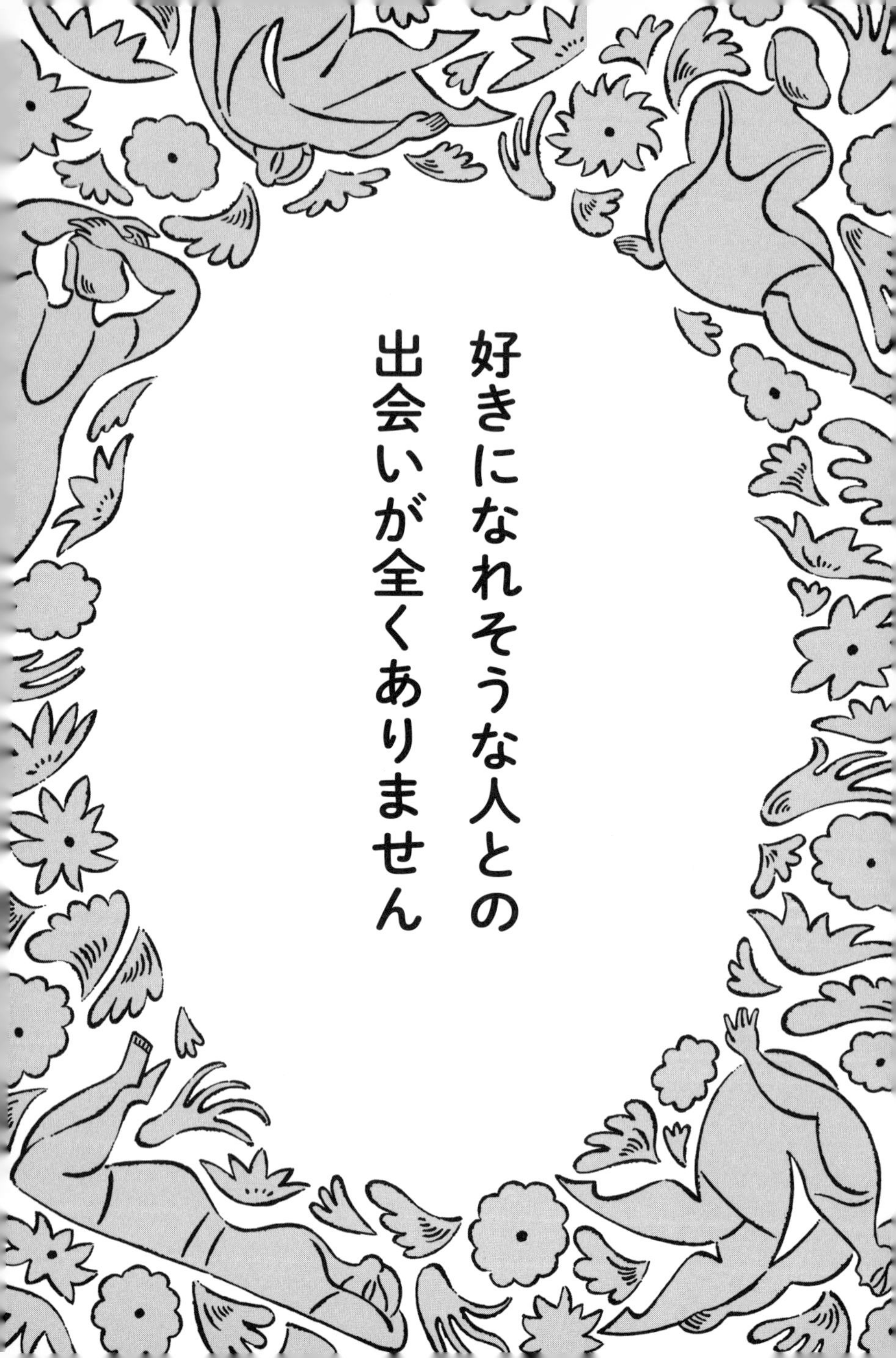

好きになれそうな人との出会いが全くありません

「好き」だけに目を向ける狭い視野で生きていたら見る目が育たなくて当然です

出会いは、ある人にはある。ない人にはない。なぜ、その差が生まれるのでしょうか。

恵まれた現代社会では「好きを仕事に」とか、好きなことだけを選んで生きるキャッチフレーズが溢れています。スマホが誕生してからは特に、朝から晩まで自分の好きな人と関われて、嫌いなものはブロックしてＯＫです。

しかし、ブッダは「好き」という感覚に従って、それだけを追い求めていくと人生を巧みに生きられなくなると説きました。

教えによれば、私たちは初対面の人に出会った時、瞬間的に無意識の下で3

つのカテゴリに相手を分類するといいます。仏教用語ではこれを〔貪瞋痴《とんじんち》〕といいます。

貪瞋痴《とんじんち》

・貪《とん》＝好き
・瞋《じん》＝嫌い
・痴《ち》＝どちらでもない（無関心、知ろうともしない）

出会いがないと嘆く方は自分が「好き」な世界しか見ていません。無意識のうちに「嫌い」「どちらでもない」の世界をシャットダウンしているのです。それが、恋に繋がる出会いがない大きな要因の一つです。

「好き」＝人生の正しい選択とは限らない

好きなものに対して、私たちは「もっともっともっと！」と欲しがります。でも、恋愛において「好き好き好き！」と心が暴走してしまうと、理性を失い、人を見極めることを怠りがちになります。結果、ちゃんと自分の「好き」という感覚の中から選んだのに「悪い男だった！」「騙された！」「傷つけられた！」ということになってしまいます。

自分の好きなものが、体に、心に、人生にとっていいかどうかは別なんです。大好きなケーキも、毎日3食それればかり食べていたら体調を崩しかねません。まずは自分の「好き」＝正しいという方程式を手放してみてください。

「生理的に無理」という感覚を疑ってみよう

好き至上主義の世界がタワマンの部屋から見える景色だとしたら、「嫌い・どちらでもない」にも目を向けた世界はスカイツリーから見える景色くらい視野が広がります。

まずは**「嫌い（瞋《じん》）」**の世界の話から。現代では嫌いなものに対して「生理的に無理」という表現をよく使いますよね。

特に女性は、生き物として本能的に優秀な遺伝子を残すべく「生理的にありかなしか」を判断し、優秀な雄を選んできた歴史があります。しかし、今の人にはほとんどその嗅覚がない。現代の「生理的に無理」という線引きは、テレビやスマホの画面の中に溢れる、あなたの人生から遠く離れたアイドルや推しによって底上げされたハイレベルすぎる基準です。


そもそも生理的に無理な人、嫌いな人とは本当に合わないのでしょうか。

海外の方に第一印象で「生理的に無理!」とされてきた刺身や納豆ですが、今や人気の日本食の一つ。つまり、**食わず嫌いは損**なのです。今までの人生ですごく印象の悪かった人でも、話してみると意外な面が見え、魅力に気づき、捉え方が変わった経験はありませんか?

「嫌い」の中には自分の知らない世界、人生にとっての「掘り出し物」がいっぱいあります。

そして、**「どちらでもない（痴《ち》）」**に分類される世界も広いんです。

「一日の中で、同僚や家族以外とは誰とも会いません」という人が結構います。でも、会社に行って帰ってくるまでの間に、コンビニの店員さんやスーパーのおばちゃん、駅員さん、よく行くスタバの常連客……といった具合に必ず人と接するはずです。無意識のうちに「自分とは関係ない」「何のメリットもない」と人を虫けらのように排除している人には気づけない、今見ている世界よりも遥かに大きな世界が実は広がっているのです。

出会いは、特別な場所ではなく日常生活の何気ないところに転がっています。日々の中で誰に対しても思いやりを持つこと、人を人として見ること、命を大事に扱うこと。これを普段から大切にしている人には必ず出会いがあります。

まずは一日1回、「嫌い」「どちらでもない」という世界に目を向けて関わることから始めてみませんか？

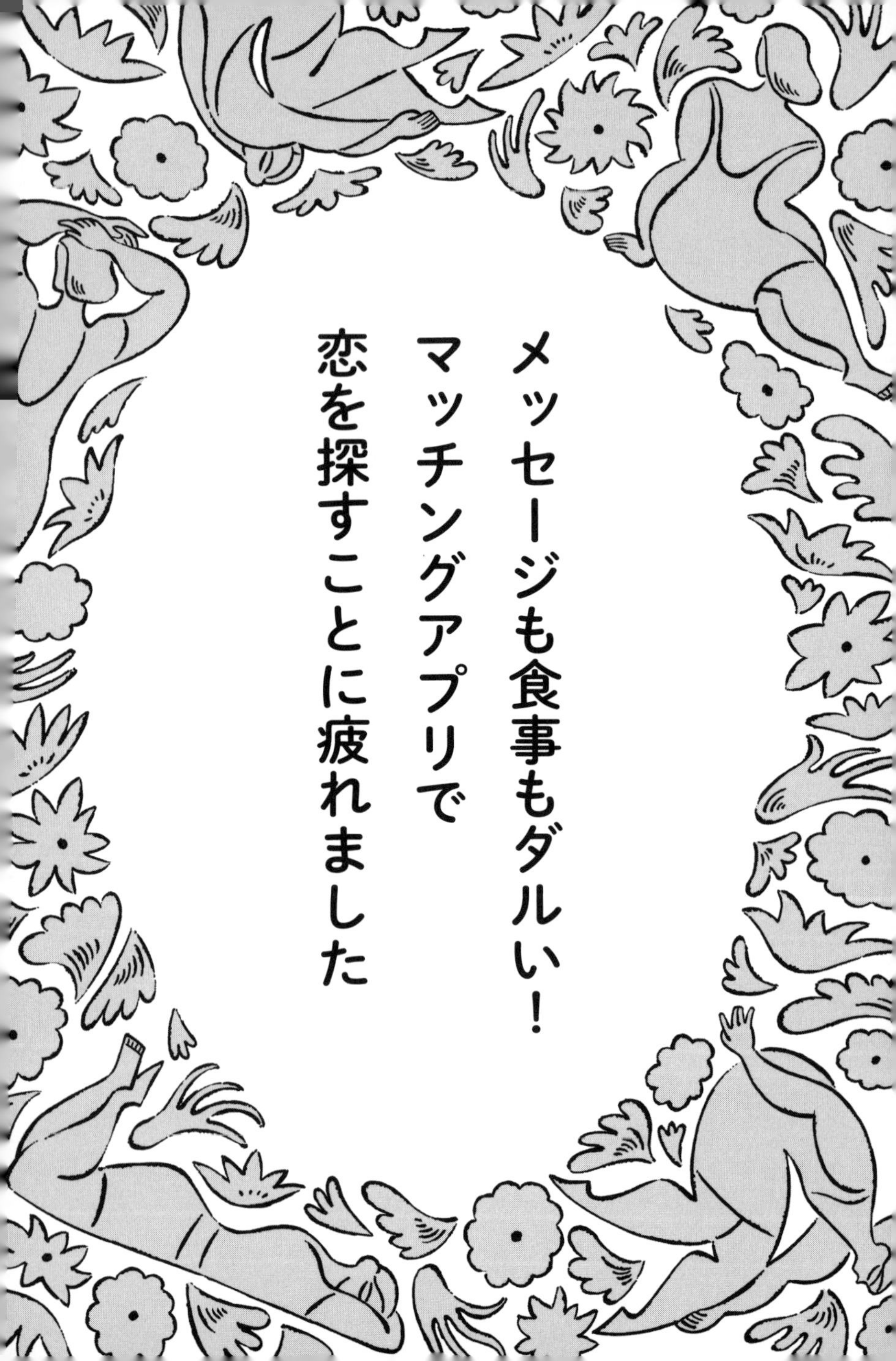

メッセージも食事もダルい！
マッチングアプリで
恋を探すことに疲れました

マッチングアプリは疲れて当たり前！恋をお休みして姿勢を正しましょう

すぐに誰かと繋がれて、縁を切ることも簡単なアプリは非常に便利ですが、一方で落とし穴もあります。それはいくらでも嘘をつけること。しかも、共通の知り合いもいないから「やっぱりごめん」とフェイドアウトしやすい。だから、相手を１００％信じられないし、警戒して当然です。お互いを探る形式的なメッセージを続け、デートに行く前に疲れてしまう人も多いでしょう。

しかもアプリで繋がったばかりの人のことって、正直まだ好きじゃないですよね？　もしも本当に好きになったら、相手のことは全部知りたいものです。でも、本当に好きじゃない、言ってしまえば**「どうなるかわからない人」**とやり取りをしなくてはいけないわけです。そりゃ、疲れますよ。

マッチングアプリで運命の相手を見極めるには?

アプリ内では、年収、職業、見た目などを出会う前に把握できます。ただ、それが真実かどうかは、あなたが見極めるしかありません。中にはしっかりプロフィールを書いている人でも嘘くさかったりしますよね。たとえ見た目がどストライクでも、簡単に「運命の出会いだ」と盛り上がらないほうが賢明です。

①相手の情報の真偽
②本当の人となりや人格
③自分との相性

舞い上がることなく、この3点を見極めなければならない。冷静に観察し、話をして、違和感がある場合は「嘘」を疑う目も必要です。

そして、誠実さに欠ける人はやめておきましょう。毎回遅刻してくる、小さな嘘をたくさんつく、店員さんに横柄な態度を取る……どんなにお金を持っていても、背が高くて高学歴でも、こんな人と結婚したらとても苦しみます。スペックで測るのではなく、自分の理性で見極めてください。覚悟を決めて、その人と付き合うことができるか。最終的には全部、自分で決めるのです。

アプリのやり取りは手間だし、いろんな人と会っていると疲れてダレてきます。効率よく出会いたければ、2つのことを意識してみてください。

①プロフィールに自分の情報と本気度を書いておく
②できるだけ早めに会う

好きか嫌いかを見極めていく時、自分から情報開示しなかったら向こうも情報を出してはくれません。覚悟を決めたら、個人情報を特定されすぎない範囲でプロフィールを詳細に書いて、「真剣でない人はお断り」とはっきり記しておくのも有効です。
そして、ちょっとでもお会いしたいなと思ったら、早く会いましょう。そうすると悩む時間が減ります。

疲れたら一度休んで自分の「姿勢」を見直そう

出会いがない人の共通点に「姿勢が悪い」ということがあります。背中が丸まっている人のことではなく、出会いを自分で決断せず、うまくいかない時は他人や環境のせいにする、相手を選ぶ覚悟が決まってない人は「姿勢が悪い」のです。「お互いに多少気に食わないところがあっても、それを越えて関係を作っていこう！」という覚悟がなければ、都合のいい出会いはやってきません。

一方、**「姿勢のいい人」**は、自分の生活に張りがある人、お仕事を楽しんでいる人、趣味を見つけて熱中している人、つまりはイキイキ生きている「勢いのある人」のことです。見た目は普通でも、覚悟を持って何かに取り組み、結果も出している。そんな人には、みんな殺到します。

アプリに気が乗らなくなり、疲れたのなら、思い切って恋愛を一度お休みしましょう。「行きたくない」という気持ちでデートに行っても、あなたの第一印象は悪くなってしまいかねません。

普段から「いいな」と思われる人になれるよう姿勢を正す時間にするのです。料理のおいしいお店にはいい口コミが集まります。人も同じ。あなたが思うより、周りの人は姿勢がいい人をきちんと評価しています。だから、自分の仕事や趣味、習い事を一生懸命頑張ってみてはどうでしょう。

一度アプリをお休みし、リアルの世界で自分の姿勢を正しておくと、運命はちゃんと変わります。もしまたアプリを再開し、本当に素敵な人と出会った時、結ばれる確率はグンと上がるはずです。

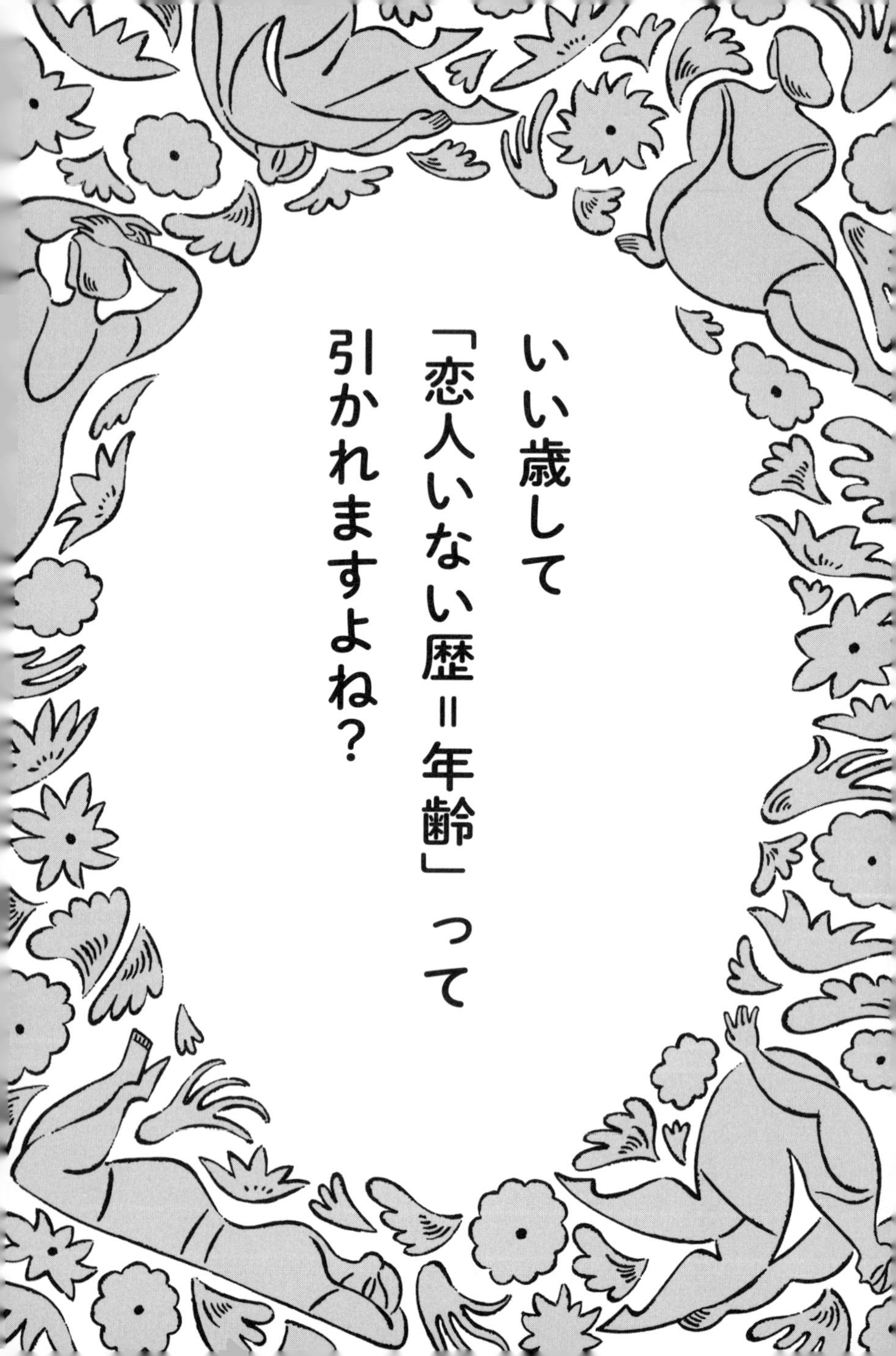

いい歳して「恋人いない歴＝年齢」って引かれますよね？

恋人がいなくても「善き友」がいれば全く問題ありません

まず宣言します。「恋人いない歴＝年齢」は、全く恥ずかしいことではありません。究極の選択で、こんな3人の女性が並んで自己紹介したとします。

①一度も付き合ったことがありません
②恋人がいなかった期間はありません
③私、ヤリマンです

男性に「誰と付き合いたいですか？」と聞いたら、おそらく②や③の女性を警戒する人がほとんどでしょう。

恋人がいないことが「恥ずかしい」という認識は、誰かが植えつけた価値観でしかありません。

ちなみに、実際に「恋人いない歴＝年齢」と言われて男性が抱く本音はこちらです。

・よっぽど奥手なのかな
・忙しくて恋愛をする時間がなかったのかな
・人と深く関わるのが苦手なのかな
・もしかして理想が高いのかな
・親が厳しかったのかな

少し話すだけで、あなたの人となりはしっかり伝わります。これだけが理由で「ヤバい奴」認定されることは稀《まれ》でしょう。

「社交性があって、気配りもできる。人としてちゃんとしてる。しかも！　恋人いない歴＝年齢なんて俺はラッキー！」と思われる可能性だってあります。

「恋人いない歴＝年齢」は、現代社会においてマイノリティーではありません。

私の元へも「恋人が一度もできたことがないんです」という30代、40代の方からのご相談がたびたび寄せられます。

「とりあえず」の恋人なんて欲しいですか？

ところで、こういうカップルは羨ましいですか？

- とりあえず寂しいから付き合っている
- 恋人がいないことが恥ずかしいから付き合っている
- 他にいい人が現れるまでの「つなぎ」で付き合っている

心を満たすための道具として、「とりあえず」お付き合いをしている人もかなりいます。もし仮に「尊重し合える相手＝恋人」と定義するならば、本当の意味で恋人がいる人は結構少ないんじゃないでしょうか。
「恋人がいる自分」が好きな人は、アクセサリー感覚で恋人をストックして、すぐに別れてしまいます。「自分らしく」と言いながら、みんなが持っているものを持ってないと恥ずかしく感じたり、不安になったりするって、若く未熟な人にありがちです。

確かに、お互いを尊重し合える関係性なら羨ましいでしょう。しかし、「もっといい人いないかな？　まぁ、とりあえず付き合っておくか」と相手に思われていたとしたら、それこそ辛くないですか？

「誇らしい友達」がいれば大丈夫

恋人がいる・いないよりも、もっとヤバいことがあります。それは「尊敬できる友がいない」ことです。

仏教には〔**善友**〕という言葉があります。

善友

自分が間違った方向に進んでいたらそれを正してくれる善き友。親や先生、友達を年齢関係なく善友と捉える。

仏教は「誰とでも仲良くしなさい」とは言いません。代わりに、誰と修行するのか、誰と生きるのかをものすごく重視します。人間関係を巧みに生きられない人が、同じく巧みに生きられない人と群れるとロクな結果になりません。

あなたにもし善友がいないとしたら、恋人いないない歴で悩む前に「この人めっちゃ素敵だから仲良くしたい！」と感じられる姿勢のいい友達を作りましょう。

「付き合ってはいけない人」の見極め方が正直わかりません

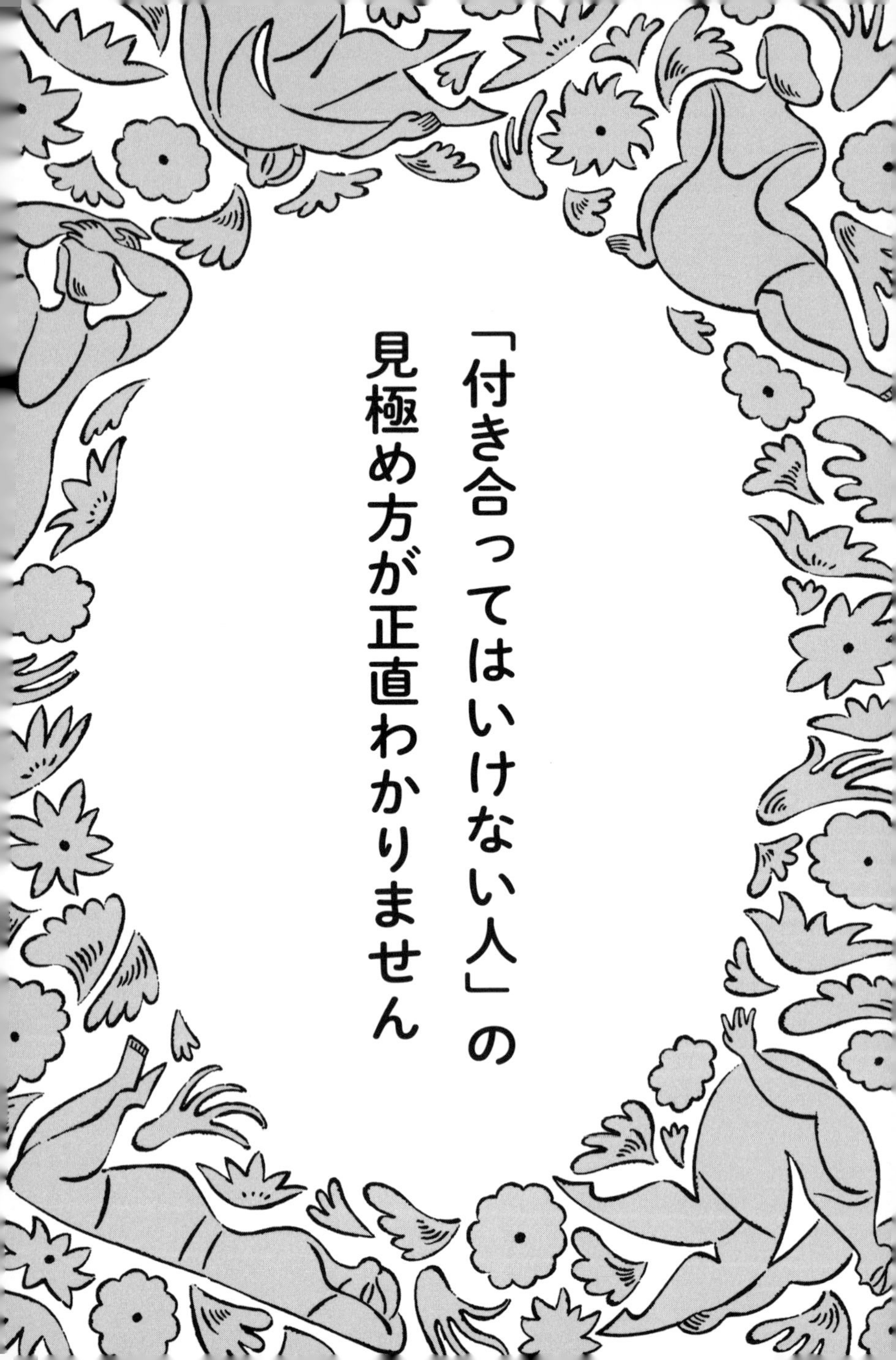

2600年前にブッダが編み出した最強の見極めチェックシートがあります！

付き合ってはいけない人は確実に存在します。

人間は、知的レベルや道徳レベルが違うと話も合わないし、一緒にいてもどこか違和感があるはず。好きだと、そういう違和感に目をつぶってしまいます。

子どもは感情で好き嫌いを判断しますよね。それが大人になると、感情丸出しではなく、理性を育てて人を見極められるようになります。好きも大事、でも理性も大事、そのバランスで共に生きる相手を選んでいくのです。とはいえ、これが巧みにできない人もいます。

好きな人のことを考えると胸が高鳴り、好きを力強く実感するものです。会いたくて震えるほどに。付き合うだけならそれでいいでしょう。

でも、もし彼とずっと一緒にいる、ゆくゆくは結婚をして子どもを持つという前提になると、好きの感情だけで相手を選んでしまう人生は大変危ういです。

人を見極める10のチェックポイント

では、「付き合ってはいけない人」をジャッジするにはどうしたらいいのでしょうか。あるんです！　２６００年前にブッダが作った最強の見極めチェックシートが!!

十重禁戒《じゅうじゅうきんかい》

仏教用語	どんな人?	意味の詳細
不殺生《ふせっしょう》	無意味にサイコパス	命に対する思いやりがなく、殺戮《さつりく》を好むこと 【例】犬や猫、虫などの生物に思いやりがない人
不偸盗《ふちゅうとう》	スーパールーズマン	ヒト、モノ、カネ、時間などを許可なく盗ること 【例】遅刻魔、借りパク魔
不邪淫《ふじゃいん》	快楽至上主義	愛のない快楽だけを貪《むさぼ》るセックスを喜ぶこと 【例】恋人以外ともセックスできる人、浮気性な人
不妄語《ふもうご》	ハイパー嘘つき	二枚舌で綺麗事を言うこと 【例】心にもないことを言う人、八方美人な態度を取る人
不酤酒《ふこしゅ》	ウェイ酒最高!	お酒やドラッグなど中毒性のあるものに耽《ふけ》ること 【例】お酒を飲んで自分をコントロールできなくなる人
不説過《ふせっか》	昔のミス持ち出しマン	人の過ちをいつまでも許さないこと 【例】「昔こうだったよね」とずっと言ってくる人
不自賛毀他《ふじさんきた》	プライドの塊	自慢、自賛、自愛ばかりで他人をけなすこと 【例】マウントを取らないと死ぬ病の人
不慳法財《ふけんほうざい》	いちいちどケチ	カネ、モノ、知識などを与えることを惜しみ、どケチなこと 【例】自分だけが得をしたい貪欲すぎる人
不瞋恚《ふしんに》	ブチギレ大魔神	怒り続ける、恨みを持ち続けること 【例】ずっと何日も同じことを怒り続けて恨んでしまう人
不謗三宝《ふぼうさんぼう》	俺様王子	仏、法、僧をけなし、敬わないこと 【例】素直に誰かの意見を聞けない、謙虚さがない人

これは仏教用語で【十重禁戒《じゅうじゅうきんかい》】といいます。

十重禁戒《じゅうじゅうきんかい》

仏教において絶対に守るべき10種の戒。戒とは、罰則はないが守ったほうがいいルールで、破り続けていると人生が台無しになり、大きな罰が自分自身に返ってくる。

簡単に言えば「十重禁戒《じゅうじゅうきんかい》を破りまくっている人」と付き合うと、自分の人生にもかなり悪影響を及ぼすということです。

付き合っている時は「好きな人なら許せる！ ダメなところもむしろかわいい！」となることも多々あると思います。でも冷静に考えてみてください。お酒を浴びるほど飲んで、飲酒運転だって平気でしちゃう人を友人に紹介できますか？（不酤酒《ふこしゅ》）

結婚の話を持ち出したら「考えてるって！」と不機嫌になる彼に、大事な時間を奪われ続けても大丈夫ですか？（不偸盗《ふちゅうとう》）

感情を殴り倒して理性を育てよ

ブッダは**「自分の感情ほど信じられないものはない」**という前提を説いています。いかに自分の感情を殴り倒して生きるか、これが仏教の修行です。じゃじゃ馬のような感情は時に**〔御する〕**必要があるのです。

御する

騎士が馬を調教し制御するように自分をコントロールすること。

十重禁戒《じゅうじゅうきんかい》を参考に好きな人を冷静に見極め、暴走する気持ちを御すること。この2つを実行できた先には、きっと巧みな恋愛が待っています。

第２章
片思いの悩み

好きな人から返信がないと
食欲がなくなり
何も手につかなくなります

返信速度や頻度で好意は測れません 独り相撲で勝手に自爆していませんか？

即返信、即スタンプ。

恋に盲目になっているあなたにとっては、それが普通の状態ですよね。稀《まれ》に、それに付き合ってくれる暇な男性もいます。四六時中、即返信してくれる彼。あなたの目には素敵に映るかもしれません。では、それが上司だったらどうでしょう。

「えっ、ずっと彼女（奥さん）に連絡してる……」と引きませんか？　大人、社会人として、まともに仕事をしているとは思えません。こんなふうにすぐ返信できる人は、むしろ怪しいと思います。

そんなわけで、ＬＩＮＥの返信がこない理由はシンプルに２つです。

①仕事が忙しい
②脈なし

前者の場合、仕事によります。刑事は張り込み中ＬＩＮＥを返せないだろうし、危険と隣り合わせの作業系のお仕事ならスマホに触れる余裕すらないでしょう。私も、お葬式の時などはもちろん返信できません。

後者の場合は明白です。相手の状況を見て、待って、少しお休みを挟んでも返信がないとしたら脈なしでしょう。そういう当たり前のことを、大人だったらやっぱりわかるようにならないといけません。

身勝手な基準で誰かと比べているあなたへ

あなたが「返信が遅い」と感じる基準は誰ですか？

友人？　元彼？　もしくは親？　返信の遅い早いを感じてしまう人には、比べる基準となる対象がいるはずです。

でも、今待っているその人は、全く別の人なんです。返信が遅いか早いかは、相手の仕事や生活リズムによるし、返信に積極的なタイプかそうじゃないかとか、いろいろな要素で変わってきます。

なのに「ＬＩＮＥの返信が遅い！　私に興味がないんじゃないか⁉」と嘆くのは、自分の基準に勝手に振り回されているだけなのです。

例えばその昔、私がラブレターを書いた頃は返事がくるのに１週間かかりました。時代によって、手段によって、人によって、速度は変わるのです。

現代人はずっとスマホを持っています。それはつまり、返信がこないのを待機しているような状態。ですから、スマホを一旦手放すとか、自分の気持ちが不安定にならないよう、コントロールしないといけません。

ＬＩＮＥの着信で一喜一憂する人を見ると、悪い男に騙されないか心配です。

「今日はＬＩＮＥがすぐ返ってきた！」「彼からこんな内容がきた！」などと、気持ちが乱高下すると疲れて隙が生まれます。優しい一言が返ってきただけで有頂天になりますよね。**ちょろい。実に、ちょろい。**

画面のテキストだけに反応して、翻弄される。それって、本当に相手を見ているることになるのでしょうか。私には独り相撲を取っているように見えます。

待つ時間が恋を育てる

花を種から育てるには、時間がかかります。

あなたの小さな恋の芽も同じです。自分からガンガン肥料や水をあげて「早く育って！」と追い込んでも、枯れてしまうだけです。

ＬＩＮＥは気軽で簡単です。今は既読も確認できるし、すぐに反応できる環境ゆえに、焦りすぎ・急ぎすぎになってしまいますよね。だから、待てない。

でも、全ての人間関係は、時間をかけて育てていくものです。一瞬でできるものじゃないし、逆に一瞬でできたものはすぐ崩れてしまいます。
愛情を正義みたいに振りかざして「同じだけの愛情をくれない！」と怒り、相手に求めるのは横暴だし、これこそ仏教でいう〔エゴ〕の塊です。

エゴ

この宇宙の中で最も高い優先順位で大切にしてもらいたい、という命の欲求。エゴが最高に満たされる行為の一つが恋愛。

自分の気持ちが加速して、相手を追い込む行為はすごく身勝手です。あなた自身も疲れてしまいます。結果、独り相撲で勝手に自爆していくのです。
待ってみて、返信がこないなら諦める選択肢も考えましょう。返ってきたら、今度は相手のリズムに合わせてやり取りすること。これが恋を育てる基本です。

5回以上デートしても関係が進展しないのは脈なしってことですか？

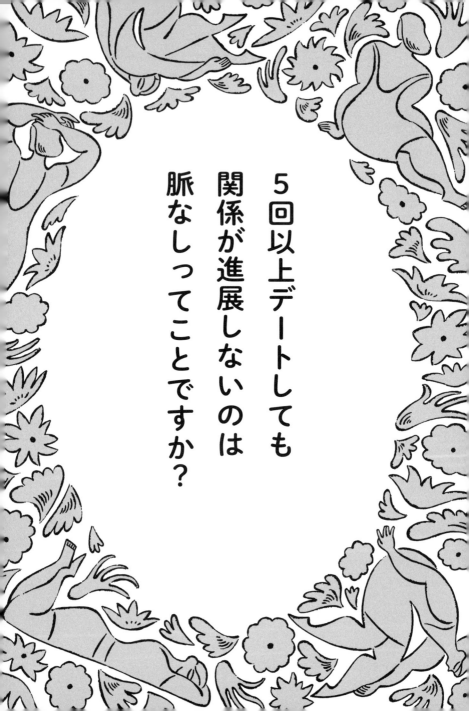

気にするべきは「回数」ではありません素が見えるデートをしていないのでは？

恋愛スイッチが完全に入らない男性によくありがちな心理が2つあります。

①関係が進展していくことを怖がっている
②自分の決断に自信がない

「この人で大丈夫かな？」と、向こうもあなたと同じく思っているわけです。全く興味がなかったら5回もデートはしません。とはいえ、深く考えず「相手から断られないし」という理由だけで会っている側面もあるでしょう。

ルールと制限時間のないゲームは、目的がないから本当に地獄です。

デートも同じですよね。相手が「何を考えてるんだろう？」と思いながら、いたずらに回数を重ね、進展がないとしんどくなっていきます。

「お互い時間の無駄になるといけないから、次のデートで最後にしません？」

このようにまずはルールと時間制限を設けましょう。大人のデートは「時間は有限だ」という意識を持って臨むべきだと思います。これを伝えることで、お互い響き合うものがなければ「今回はご縁がなかったということで！」と言いやすい。向こうもその気があるなら考えてデートに臨んでくれるはずです。

デートの「回数」ではなく「質」に目を向けること

スタバで毎回2時間、当たり障りのない会話をするだけの無難なデートじゃ、お互いの本質を見ることなんてできません。「この人と関係を深めたい！」と思ったら、あなたが舵を取りましょう。

①自分が相手を「見極める」ためのデートをする
②自分を「知ってもらう」デートをする

自分の素が出せるデートや、相手の大切にしているものが見えるデートをぜひ企画してみてください。例えばこちら。

・昔アルバイトしていたお店に行くデート↓過去を引き出しやすくなる
・お互いに行ったことのない場所に行くデート↓計画性を観察できる
・登山デート↓追い込まれて辛い時に素が出る
・何かを一緒に作る体験型デート↓取り組む姿勢や相性が垣間見える

疲れてきた頃に素が出るので、私が人を見る場合はそこから理解が始まります。おすすめは登山。お互いが「良く見せよう」と取り繕うタイプなら、それができないデートを選んで、素が引き出せるように作戦を立ててみてください。

ちなみに、デートは失敗してもＯＫ。完璧なデートプランを練る必要はありません。入った店が「あまりおいしくなかったね」となっても、それでどんな反応をする人かわかるし、その時に感じる２人の空気感がわかれば十分です。

その人の心、その人の言葉、その人の行ないを見られるデートが重要です。年収やスペックも判断材料になるとは思いますが、付き合って、結婚して生活を共にしていくなら、日々の行動や考え、価値観のほうがずっと大切です。それらをきちんと見える化できるデートを考えてみてください。

関係に進展がないならストレートに聞いてしまえ！

時間は有限です。
あなたが幸せな恋がしたい、結婚も視野に入れたいと思っている場合、「この人ダメだな」と思ったら早めにお断りしましょう。お互いのためです。

①デートでできるだけ自分の素を出す
①相手を知るためのプランを考え、デートをする（十重禁戒《じゅうじゅうきんかい》もチェック）
③気に入ったらデートをおかわり、なしだなと思ったら断る

お互いが「もう少し」と思うのであれば、延長は何回でもアリ！　デートは、相手を見て、自分を知ってもらうチャンスです。延長戦でも**「回数」ではなく「質」**を意識してデートを重ねてみてください。

それでも進展がない時は「彼女は作らないの？」「アプリに登録した目的は？」と直撃しましょう。

結婚前提で相手を探しているなら、現実的な話や相手のビジョンを早いうちに聞いたほうがいいと思います。そういう話をはぐらかすような人なら真剣ではないので、さっさと決断して次にいきましょう！

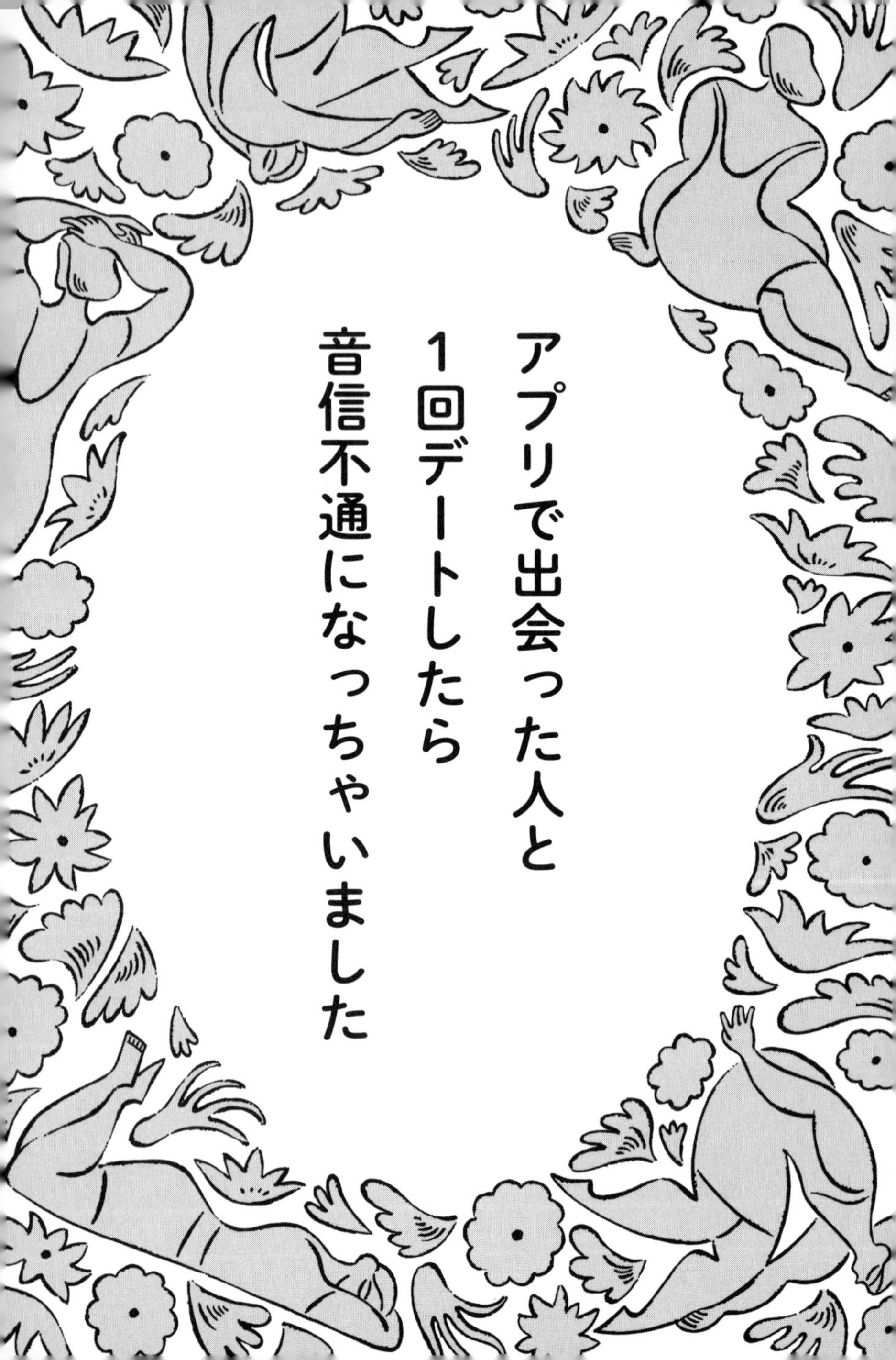

アプリで出会った人と 1回デートしたら 音信不通になっちゃいました

マッチングアプリとはそういうもの 悲しむ前に30人と会いましょう

アプリは、基本的に「無責任が許されるシステム」なので、フェイドアウト率も高いのです。その人の匙加減で嘘をつくこともできます。

「しっかりと断る」というのは、恋愛のマナーだと私も思います。でも、振るほうも「断る」という作業は正直辛いし、しんどいもの。だって嫌われたくないから。ここを省けるなら省きたい。これがフェイドアウトの真相です。

人間関係では、受け入れることはもちろん、振ったり、振られたりの経験を通して心が育っていきます。

断られると辛いです。しかし、こういう経験を通して人と人とのけじめを知ります。一度振られても、その後恋人ができたら「誰かに振られたくらいで人生は終わらない」と、悩みのしょうもなさに気づくはずです。

恋愛によって心の強さや可能性、世間の広さを学んでいけます。私は、振ることも振られることも生きていく上では大事な学習だと思っています。

だけど、アプリは誠実に終わらせなくても追及されることはないし、責められることもない。そういうシステムだから、けじめをつけなくても「終わった」とあなた自身が受け入れる必要があります。

切れたほうがいい縁もある

音信不通になる原因は2つあります。

①事故か事件の可能性
②脈なし

信頼関係が築かれている場合、事故か事件の可能性があります。つまり「何かがあった」ということです。その場合、あとから情報や連絡が入るでしょう。でも、信頼関係が育っていない場合の音信不通は、連絡をしないことで相手に「察して」もらおうとするコミュニケーションなのです。ずるい。でも、そういう人はいるのです。

時間を取って「この人と関係を築こう」と決断して、1回でもデートした相手から急にフェイドアウトされるのはしんどいですよね。ですが、同時に「人としてどうなのかな?」と思いませんか。

超ムカつくけど、このコミュニケーションに対していつまでも悩んでいる場合ではないということです。

悲しむことに時間を使う前に、あなたの頭の中からもさっさとデリートしてしまいましょう。けじめもつけずにフェイドアウトするような人と早めに縁が切れたという点では、むしろラッキーです。

自灯明《じとうみょう》を持て

傷ついたけど心機一転、アプリにログインしたらまだ彼奴《きゃつ》がいる。許せない。そういうこともあると思います。相手の身勝手な行動を受け入れられなかったり、傷ついたりした時におすすめしたいのが、一度「自分の基準」に立ち返ることです。仏教ではこれを〔**自灯明**《じとうみょう》〕といいます。

自灯明《じとうみょう》

自分の基準。頼れる自分を作り上げることで育つ。

他人の行為が示す意味、そして自分のなすべき行動を冷静に考えましょう。相手がフェイドアウトした＝「あなたとはこれ以上お付き合いしたくないですよ」と示したわけです。大人なら、それを理解して受け入れること。
その上で**「自分はどうするか」**を考えるのです。自灯明《じとうみょう》を頼りに。

恋愛に関しても、人間関係に関しても、迷った時はとりあえず動くこと。失礼な彼奴《きやつ》に思考を割く必要はありません。どんどん他の人に「いいね」しましょう。アポ入れましょう！　会いましょう！
結果、10人くらい会ってみたけどダメだったと結論が出れば、「アプリは今の私に合ってない」という経験を得られたことになります。そしたら次は「婚活パーティーに行ってみよう」と考え、次の行動ができるのです。

私がもし、恋人いない歴何十年で「アプリを使ってみよう！」と思ったら、せっかくなのでいろんな人とお会いしたい。少なくとも30人くらいはお会いすると思います（笑）。
行動を重ねれば、自分の中でだんだん「この人かも」という自灯明《じとうみょう》が育っていきます。今のあなたは行動あるのみです。

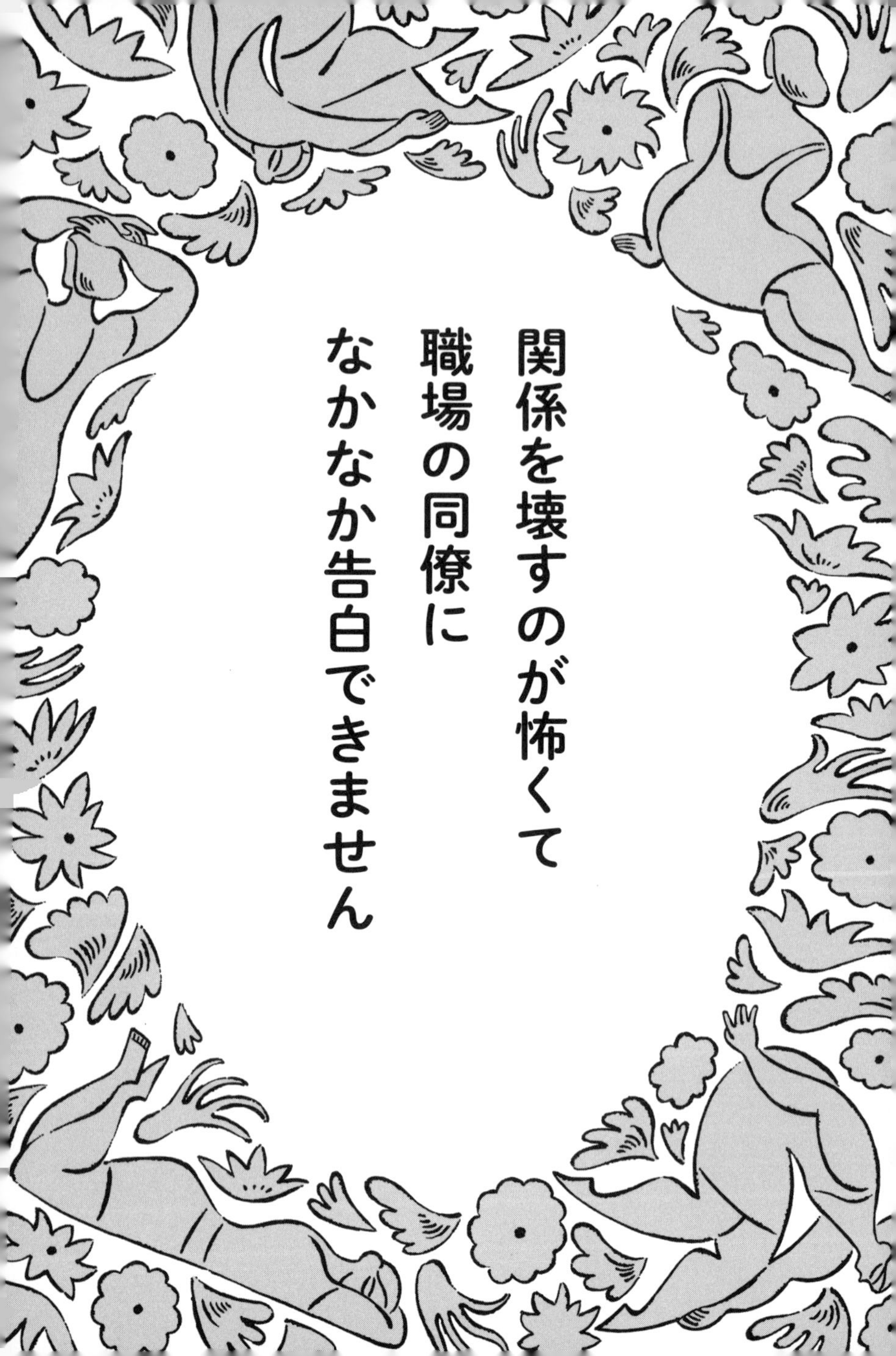

関係を壊すのが怖くて
職場の同僚に
なかなか告白できません

〝第三者を巻き込まず、周りに悟られない極秘恋愛プロジェクトの鉄則です〟

社内恋愛は極秘プロジェクトです。

職場でも、仲間内でも、周りに「あの人が好き」なんて言ってしまう人がたまにいますよね。それ、絶対に言ってはいけません。

とにかく周りに話したり、騒ぎ立てたりしないこと。その恋は、水面下であなた一人が抱えて進めるべき**超極秘プロジェクト**なのです。

周りに話してしまうのは心の弱さゆえです。

恋心とは、自分の中で勝手に芽生えるもので、仕事とは全く関係のないこと。なのに、恋心を暴走させて職場のチームや周りの人に気を使わせてしまう。まずは恋というプライベートを職場に持ち込むべきではないと心得ましょう。
好きな人のためにも、周りに言ってはダメなんです。

第三者が絡み出すともう大変。上司が先走って、相手に「いいじゃないか、素敵な子だよ」「お前も独身なんだろう、いけよ」などと薦めようとして、どうせ余計なことをするんです。相手が断りたい場合はまさに地獄ですよね。

恋愛というあなた個人のプロジェクトに周りを巻き込まないこと。被害は最小限に食い止めましょう。

気持ちを伝えるのも極秘任務

職場の同僚でも、上司でも、恋に落ちてしまったら、それはもう仕方のないことです。だから告白したいと思った場合は気持ちを伝えてもいいと思います。

でも、ルールがあります。

①黙って静かにアプローチすること
②断られたら素直に引くこと

「相手がこちらに興味があるのならいいが、ない場合はこれ以上相手に迷惑をかけない」、これが鉄則です。

振られても、うまくいっても、しばらくは知らん顔して何事もなかったようにしないと相手が可哀想です。

例えば、職場で会えるからといって振られた後もそこに活路を見出し、さらにすがったりするのはもちろんNGです。

他にも「私、傷ついたの！」とアピールをするタイプがいます。「実は振られた〜」と被害者ムーブをかませば話がすぐ広まるわけです。これは、とんでもないバカです。そんな人がいたら、周りの男性も絶対に関わりたくないはずです。結果的に自分で自分の首を絞めることになります。

自分を躾《しつけ》よう

もし、あなたが職場やサークルなど狭いコミュニティの中で恋愛を繰り返してしまうタイプなら、少し考え方を変えたほうがいいかもしれません。

例えるならば、あなたは井の中の蛙です。

狭い環境の中でプライベートをむき出しにし、アタックしていくと「あいつ、ヤバいよ」というレッテルを貼られてしまうこともある。そういう意味で「人間関係が壊れるのが怖い」という感覚を持てる人はまだ正常かもしれません。

仏教では自分を練っていく、成長させていくためには、**一旦孤独にならないといけない**と説かれています。ブッダも出家しました。甘えを捨てて自分の小さな器から出ていかないと、大きな器にはなれないのです。

井の中から一旦出てみる。身近なところでくっつきたがらない。

恋愛において、ひいては人との関わりにおいて大切なのが「躾《しつけ》」です。これができていない人の人生は、巧みではありません。

躾《しつけ》がなっていない人は、相手とのコミュニケーションの加減、アクセルとブレーキみたいなものをうまく操作できません。距離感を間違えて甘えたり、相手の中に嫌なしこりを残したりしてしまいます。

身近な人にばかり惹かれてしまう場合は、丁度いい塩梅を探りながら、人との距離を保ったり、関わったりするところから練習していきましょう。

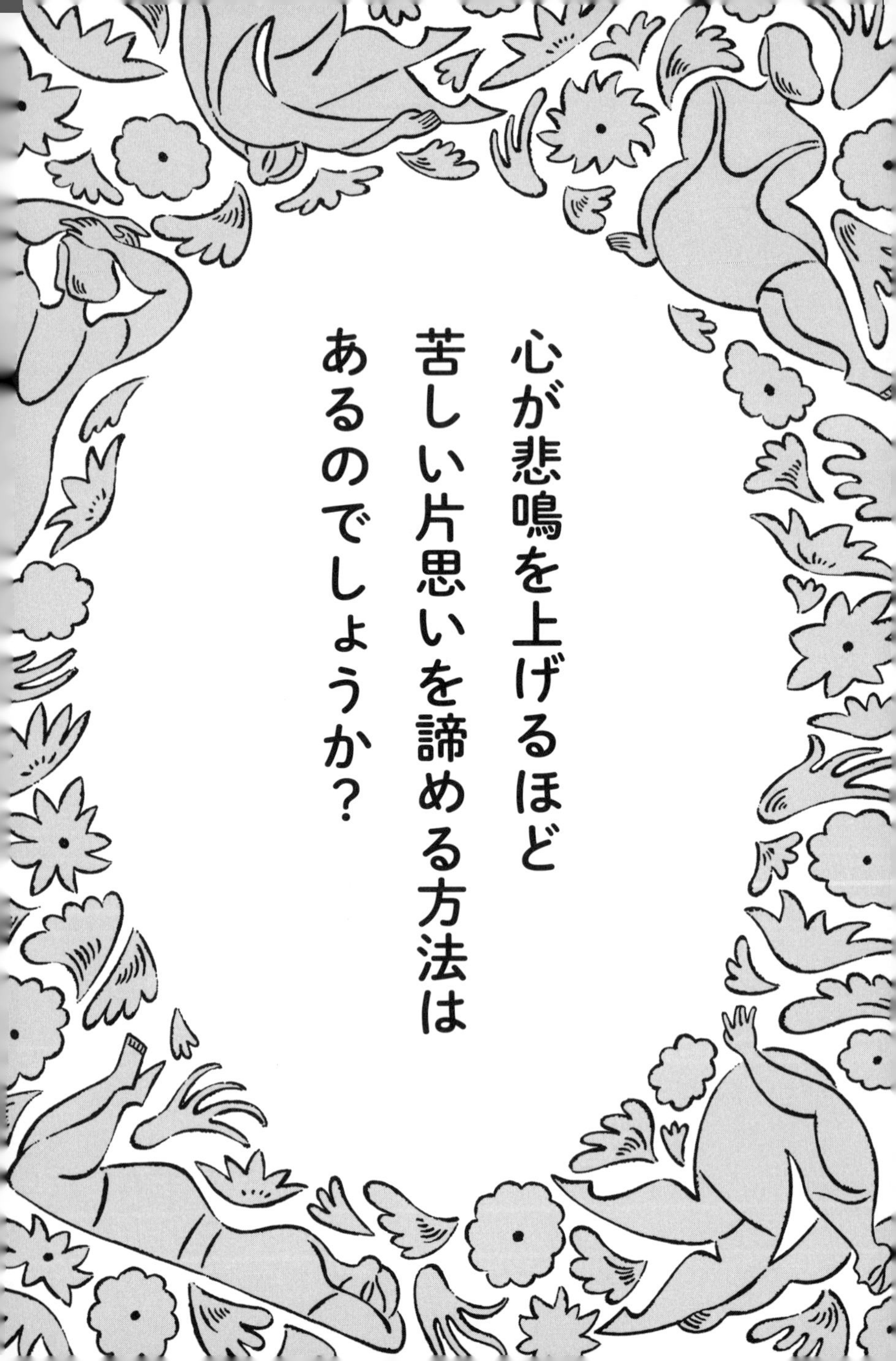

心が悲鳴を上げるほど
苦しい片思いを諦める方法は
あるのでしょうか?

自分自身で乗り越えていくしかありません
でも全ては無常だから必ず諦められます

片思いをする心は「風船」だと思ってください。

好きのエネルギーが膨らんでパンッパン、今にもはち切れそうです。そりゃ苦しいですよね。叶わぬ片思いは、思いを告げたとしても一瞬でパァアンと弾ける確率が高いから、怖い。怖いから悲鳴を上げそうにもなりますよ。

でも、対処法が2つあります。

①周りに「諦める」と話しながら、少しずつ恋の終わりを受け入れていく

②玉砕覚悟で思いを告げる

好きのエネルギーは思いが募るほど、想像や妄想もどんどん手伝って、勢いを増していきます。なぜ片思いは苦しいのかというと、そのエネルギーは行き場がなく、心の中に溜まり、逃げ先もないからなのです。

だから**「もうマジで、聞いて！」**と友達に言いたくなる。これ、自分の中に溜まってしまったエネルギーをガス抜きする作業でもあるんです。今は信頼できる善友に話を聞いてもらいましょう。

そして、できれば告白をしたいですね。ちゃんと風船を割ること。思いを告げて、しっかりと現実を見るべきです。

可能性を少しでも残してしまうと、好きのエネルギーで膨らんだ風船はしぼみながらも、テープか何かで穴を塞いで「まだ形を保ちたい！」と補強され、未練が残ってしまう。

なので、振られるんだとしたら、もう思いっきり振られればいい。

相手を諦めるための選択としてする告白も、前向きだと思います。

無常を知り、時間に頼る

片思いをきちんと終わらせるには時間がかかります。頼りになるのはやっぱり時間です。仏教には【無常】という考え方があります。

> **無常**
>
> 命あるものはみんな死に向かって動いている。全ては変化していく。

これはちょっと寂しい言葉にも捉えられるかもしれませんが、実は逆の意味ですごく積極的な言葉なんです。本当に大好きだった人に振られた喪失感も、ものすごく辛くて耐えられない苦悩も、幸せ同様いつまでも続きません。無常はそれすら変わっていくことを教えてくれているのです。

「振られて本当に心が痛い、苦しい、もう生きたくない！」と思っても、歯を食いしばって一生懸命生きているうちに、時間の経過と共にちゃんと自分で自分を修復していくのです。

だから本当に、全部変わっていくから大丈夫！　私は「無常」と壁に書いて、唱えるだけで救われたことすらあります。

もう、仕事を変えて、引っ越して、海外へ行け!!

好きな人を失う苦悩。それが顕著に現れるのが「死」ですよね。伴侶を亡くした場合、大好きであればあるほど、数十年にわたって廃人のようになって苦しまれる方も少なくないです。

そう思うと、片思いの実らなかった恋だって十分痛いですが、一緒に重ねた日常の記憶がないという意味ではまだ傷は浅いはずです。痛いですけどね。

思い出してしんどい時、一番有効なのは何か大きく、自分の生活の基盤になっているものを変えることです。どうせなら全部変えたほうがいい。

仕事を変えたり、引っ越しをしたり、故郷に帰ったり、海外へ旅立つのもいいでしょう。とにかく新しい刺激と習慣で上書きしていくしかないのです。

ただ、忘れよう、忘れようとはしないほうがいいと思います。これは**「忘れるまい、忘れるまい」**と考えるのと同じ作業です。

できるだけ自分で「片思いへの未練」から離れる練習をしてみてください。

時間は誰しも24時間ですが、経過を早めたかったら、たくさんの経験を自分の中に取り入れることで流れを少しだけ早く感じることができます。

引っ越しでも、新しい仕事でも、何かしらを自分のルーティンに加えて、忙しくしていく。

そうやって、自分自身で心の傷を乗り越えていくしかないのです。

好きな人のSNSチェックが
どうしてもやめられません

あなたの気持ちが暴走するだけの行為を続けたいと思いますか？

ＳＮＳをチェックするのは勝手ですし、別に悪いことでもありません。だけど、自分の精神状態によっては良くない。なぜでしょうか？

それは**「見れば見るほど自分の妄想が膨らんでいく」**からです。好きという感情はあなたの心の中で起こっています。好きな人のＳＮＳを１００万回覗き見したって、悲しいかな相手の気持ちは全く変わりません。

まとめるとこうなります。

・相手の心の中の好きポイント±０
・あなたの心の中の好きポイント＋∞

ＳＮＳを見るたびに自分の心の中で相手を想像し、妄想と刺激が投下されて恋の炎を燃え上がらせていきます。

温度差、ヤバくないですか？

「私はこんなに思ってるのに、なんであの人はわかってくれないの！」となってしまったら、もう末期です。ストーカーになる前にＳＮＳを削除しましょう。

ＳＮＳは嫉妬の強化装置

「海で遊んでる。誰と行ったのかな」
「写真の端っこに写ってる腕、この細さは絶対女だな」

ＳＮＳは嫉妬の強化装置でもあります。投稿から相手の情報を得るたびに妄想で膨張させた好意が強まり、思いどおりにならないと腹が立つようになります。やがて、怒りや嫉妬、仏教でいう〔慢《まん》〕が溢れ出ます。

慢《まん》

他人と比較して高ぶること。

好きな人のＳＮＳチェックは、最終的には自分の集中力を奪い、成すべきことをできなくさせます。感情の奴隷になり、自分の人生を奪われかねない。成すべきことと向き合わず、気が散っている人。これは一番モテません。

最短最速タイパ時代ですが、人間関係はじっくりと時間をかけて育てていくものという部分は揺らぎません。お互いに気持ちをはぐくむものになり得ない、一方通行で怒りが募るだけの好きな人のＳＮＳなどフォローを外してしまえばいいのです。

スマホをテーブルに置いて、自分を操縦する智慧を身につけていきましょう。

第3章

恋人・パートナーの悩み

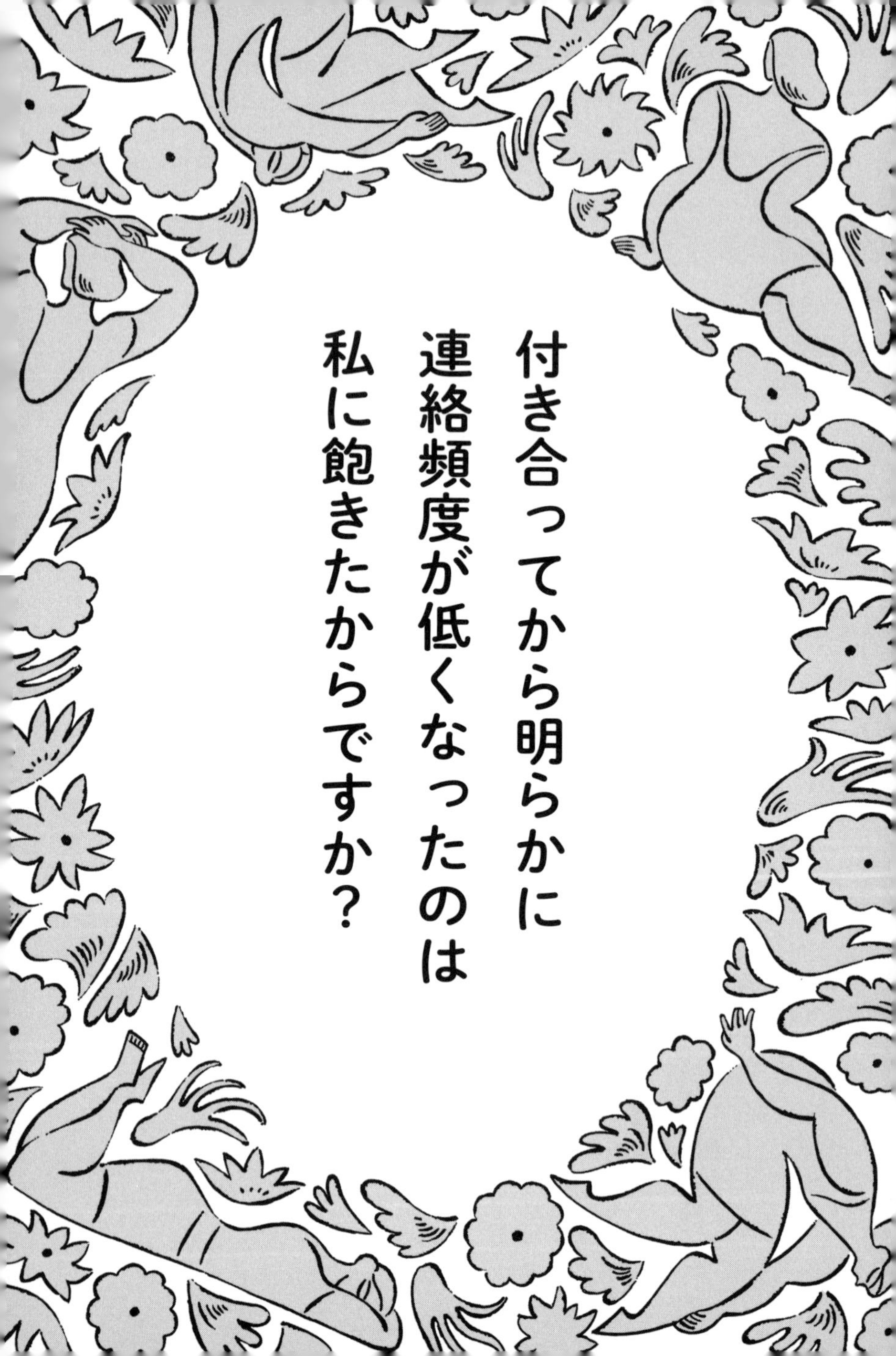

付き合ってから明らかに
連絡頻度が低くなったのは
私に飽きたからですか？

「キャンペーン終了のお知らせ」です 連絡の価値観は男女で温度差があります

付き合うまで、男性はすごく頑張ります。だから連絡頻度が落ちた場合、次の2つの可能性が考えられます。

①キャンペーン終了
②本当に飽きて関心が薄れたか、他に好きな人ができた

①はそもそも、あなたと付き合いたいから、イレギュラーに頑張ってきただけです。でも、毎日が特別キャンペーンというわけにはいきません。

今はあなたとの関係にリラックスして落ち着いて、自分が本来やるべき仕事

や趣味に集中できるベストな状態なのかもしれません。**「恋人になった安心感」からくる連絡の健全な減少。**そう思うと、いいことじゃないでしょうか。

ただ、女性からすれば、それが不安になることもあるわけです。するとー「もっと関心を注いで！」とか「もっと愛して！」みたいなことを求めてしまうもの。彼のほうはどんどん追い込まれていき、結果としてお互いに疲れて関係は悪化してしまいます。

もちろん、②のように本当に飽きたり、好きではなくなったりして連絡がこなくなった可能性もあるでしょう。

連絡頻度＝愛と思っているのは女性だけ？

連絡に対する価値観は男女で違います。

・女性目線：連絡頻度＝愛（大切な人だから連絡したくなる）

・男性目線：連絡頻度＝緊急事態（何か用があるから連絡をする）

例えば、あなたにとってお父さんは大切ですよね。でも、お父さんに毎日LINEや電話をしますか？　大切な人のカテゴリには入っている。でも、だからといって毎日連絡するわけではない。男性は性質的にこうなります。

愛が減ったわけではありません。というか、男性はそんなことを考えてもいません。おそらく【瞑想】してるんです。いえ、本当に。

> **瞑想**
>
> 自分の心を詳細に観察する技法。自分の心、言葉、行動を客観的に見て、理性で反省していく。気づきを育てていく行ない。

男性にとっては、何もしないでぼーっとする時間、物思いに耽《ふけ》る時間がすごく大切なんです。これは、ブッダの瞑想にも似ています。だから、忙しい時や余裕がない時、自分の時間を優先させてしまうこともあると思います。

現代社会は人類史上かつてないほど連絡を取りすぎています。すぐに連絡が取れるゆえにちょっと忘れると「一日1回はできるでしょ」「トイレで返せるじゃん」と詰めてしまう。こんなに追い込まれたら説明するのも疲れます。

恋人の負担を減らすのも思いやりです。まずは、あなたのほうから連絡を減らしてみてはどうでしょう。他にはこんな配慮もおすすめです。

・寝る前に1個スタンプを送るだけでも生存確認できるからいいよ
・忙しいでしょ、返信気にしなくていいからね

この一言で男性は気がラクになります。

相手に飽きられたかどうかを確かめるには？

一方で、あなたに飽きた、他に好きな人ができた、という可能性もあります。関係を続けていく上で相手の本心を見極める必要がありますよね。

私なら連絡頻度が下がってきて不安になったら、頑張って連絡をやめてみます。それでも1週間連絡がこないなら「もう好きじゃなくなったのかな」とわかるじゃないですか。

だから、そこでＬＩＮＥします。**「ご臨終ですか？　さよなら」**と。これに対してすぐに連絡が返ってくるようなら、まだ気持ちがあるはずです。

それでもずっと連絡がこないなら、やはりその時は「ご臨終ですか？　さよなら」でジ・エンドです。

付き合ってみたものの 蛙化現象してしまいました

勝手に理想を押しつけていませんか？
恋は一人じゃなくて二人ではぐくむもの

「蛙化現象」は誰がどう定義している言葉なのでしょうか？

ブッダもおっしゃっていますが、言葉をきちんと定義して使わないと誤解を生みます。私もネットで調べてみたのですが、要するにこうですよね。

①めっちゃ素敵な人を見つけた！
②付き合えちゃった！　でもなんか違う、気持ち悪い……
③勝手に好きになって、盛り上がって、でもごめんなさい、正直別れたい
④あ、蛙化現象！　これかも！　これだよ！　だからしゃーないよね

客観的に見たら「蛙化現象なんです！」と、自分のジャッジミスをよくわからない言葉でコーティングして「私、この現象の被害者です」と訴えている性悪女にしか映りません。ごめんなさいね。

新しい言葉や流行語を使う時は特に注意が必要です。なぜなら、都合良く新しい言葉に飛びつき、意味もわからないまま使って、それに悩む。あまりにも無意味な時間ではありませんか？

すぐに去ってあげよう

蛙化現象で無理になってしまった。それならできるだけ早くごめんなさいしたほうがいいと思います。相手は一生懸命、あなたを好きになる努力をしておられるかもしれません。それなのに、一方的かつ急な「蛙化現象」。恋人が急に被害者面してディスってきたのですから、相手はトラウマものです。早くお別れしてあげてください。傷が深くなる前に。

そもそもなぜこんな事態になったのでしょうか。これは恋をすること、付き合うことの前提を勘違いしているからです。

×恋は運命の相手を見つけること（一人で恋をしている状態）

〇恋は二人で育てていくもの（二人で恋をしている状態）

交際や結婚生活を通して関係は育っていくものです。お互いが未熟であっても、足りないところや直してほしいところを指摘し、補い合っていくべきです。相手とぶつかり合うこともないまま、ただディスって、便利な言葉を使って逃亡するのはもうやめにしましょう。

自分の理想像と付き合うことを卒業しよう

蛙化現象に悩む人は2つの現実から逃げている可能性があります。

・自分が理想とする相手（実際付き合ったら違う）
・自分が理想とする自分（こっちは直視するのが怖いので直視しない）

蛙化現象は相手じゃなくて、自分の理想像と付き合っているから起こります。

理想とする相手ですが、そもそも完璧な人なんていませんよね。まさに幻のお宝とか、伝説の剣を探しているみたいなものです。

同時に、距離が近くなれば、自分自身も理想とする自分ではないので、そんな姿を相手に見られることがやっぱり怖い。だから、踏み込む前に別れたい。

そんなのは付き合っていないのと同じです。本当の恋愛をしていないのです。

あなたの中にある理想は、社会や時代によって作られた虚像です。自分の妄想と恋愛しているのか、リアルな人間と恋愛しているのか、その違いに気づいてほしいのです。

では、どうすればいいのでしょうか。

まず、あなたが開き直って自分をさらけ出してください。関係は、自分を開示することから始まっていきます。完璧じゃなくていいのです。

リラックスし、親しき仲にも礼儀ありの姿勢で徐々に仲を深めていく。そうすると、お互いを取り込んで一体化していく不思議な感覚を経験できます。その特別な瞬間を、あなたはまだ知らないのだと思います。

お互いに影響を受けて変わって、関係も変化していく。これが恋です。

自分の理想にしがみつくだけのニセ恋は、大人になったらもう卒業しませんか？

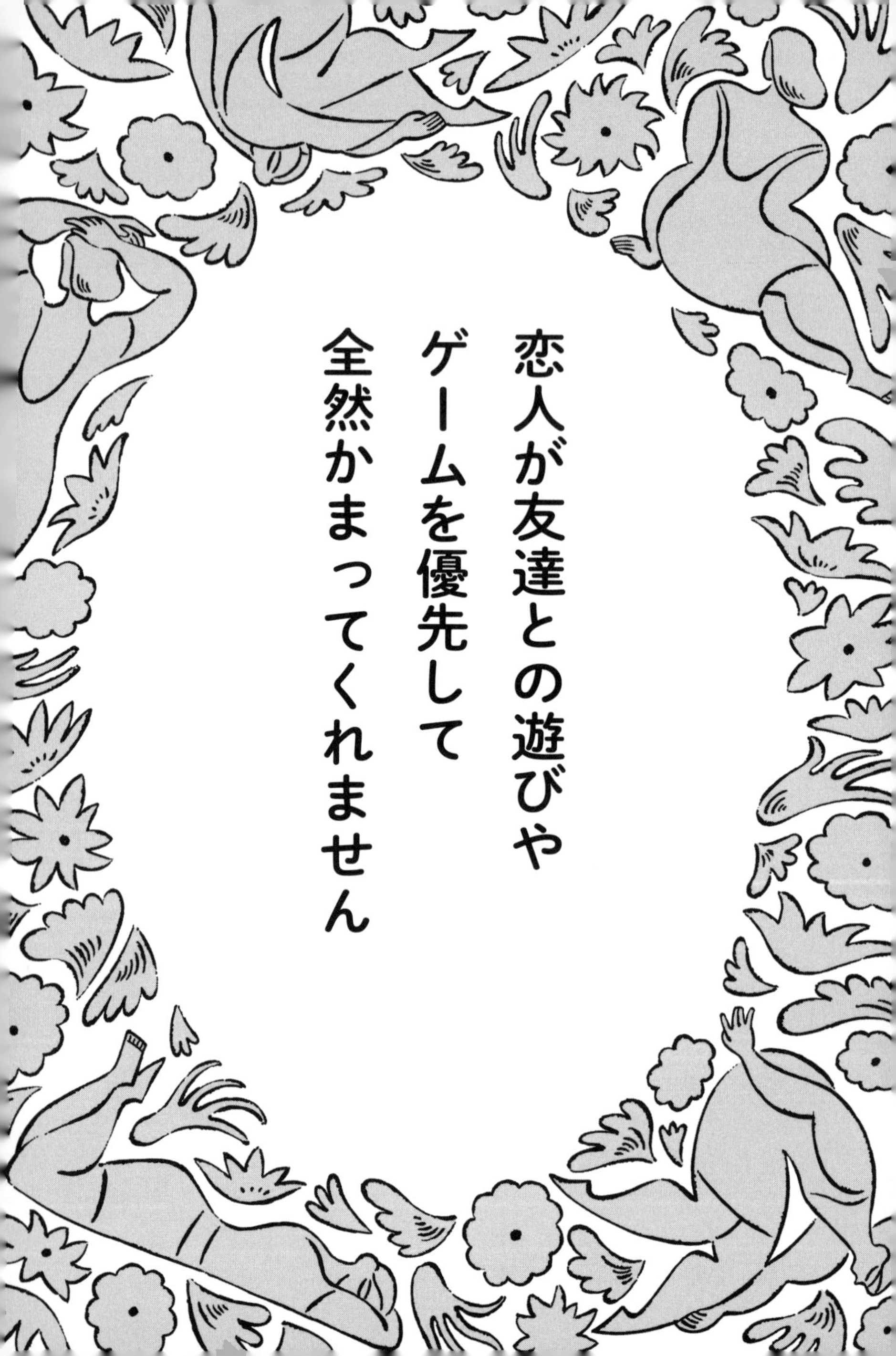

恋人が友達との遊びや
ゲームを優先して
全然かまってくれません

「趣味」と「恋人との時間」は性質が違います でも、何事にも限度があります

これは程度にもよると思います。私も趣味で男同士で集まってツーリングへ出かけますが、そのことで不機嫌になる恋人もいました。

少し説明をさせてほしいのですが、男性には集団で獲物を捕りにいく習性があるのです。男同士で戯れ、がーっと夢中になることがある。

それが仕事だったり、ツーリングだったり、ゲームだったりするわけです。決して悪いことではないと思います。友達ゼロ、趣味ゼロよりもむしろ喜ばしいことではないでしょうか。

ただ、程度の問題はあります。彼女のことを全く無視する状態は良くない。

二人のバランスを見極めよう

本来「二人って最高！」だと感じたから付き合ったはずです。

でも、だんだんお互いに慣れてリラックスして、自分の楽しみを優先してしまうタイミングも出てくるでしょう。その時、尊厳を保てないまま片方に我慢を強いる関係を続けると、当然長続きしません。

次のうち、二人のバランスを崩している原因はどちらでしょうか。

①あなたのかまってほしい気持ちや、自分以外に時間を割くことへの嫉妬
②彼があまりにも趣味優先で決めたことを守らず、あなたを軽視する姿勢

①の比重が大きい場合、嫉妬する必要はありません。男同士で何かに夢中に

なっている時と、彼女といる時の楽しさは全然性質が違うからです。

恋人に「女友達とどうせ喫茶店で一日喋ってるだけだろ。その時間を俺に使え」なんて言われたら横暴だと感じませんか？　これと全く同じことです。

②の比重が大きい場合は、彼女に対して慣れたことで「まあ、いいでしょ」と、尊敬がなくなっているのかもしれません。また、あなたが勇気を出して指摘してもピンとこない男性もいると思います。その脳内は多分こんな感じ。

「いや、いつも一緒にいるでしょ！　日曜くらい友達といてもいいでしょ!!」

伝わっていないのです。「たまにでいいから休日にお出かけして、ゆっくりあなたと過ごしたい」という意図が。もう一度、こんなＮＧスタンスに注意しながら話し合ってみてください。

×自分の嫉妬心を満たしてもらうために彼の時間を制限する

×彼の趣味に対して口出しする

彼の趣味がお酒だとか、ギャンブルだとか、十重禁戒《じゅうじゅうきんかい》に触れる、悪友とつるむ系以外のものなら口出ししなくてもいいと思います。善友と過ごしているだけかもしれません。

薫習《くんじゅう》する相手を見極めよ

あなたが「たまには私と一緒に過ごしてほしい」という提案をして、彼がその気持ちを無視するような行動を取った場合。これはもう、恋人のことを都合のいい奴隷みたいに扱っていますよね。

彼はおそらくそこまで考えていませんが、悪気なく尊厳を傷つけられたり、ないがしろにされたりするようなら「さよなら」したほうがいいと思います。

傍にいる人の影響を受けることを、禅の言葉で〔薫習《くんじゅう》〕といいます。

薫習《くんじゅう》

線香が焚かれた部屋にいると、自分に匂いが染み込む。同様に、良きものが傍にいると、その性質が自分の中に入ってくるし、悪しきものの傍にいても、その性質が入ってくる。

香りのように、目には見えないものですが「誰といるか」で人生は変わってしまいます。あなたにとって、彼は本当にいい人なのでしょうか。幸せになれる方向に自分を導いてくれる善友で、薫習《くんじゅう》していきたい相手でしょうか。

人は奴隷ではないし、ペットでもない。そしてあなたは彼のお母さんでもないので、悪気なく尊厳を傷つけられる、ないがしろにされることを受け入れ、全てを許す必要はないのです。

彼とのコミュニケーションの中にあなたへの敬意は存在しているのか、まずはよく考えてみてください。

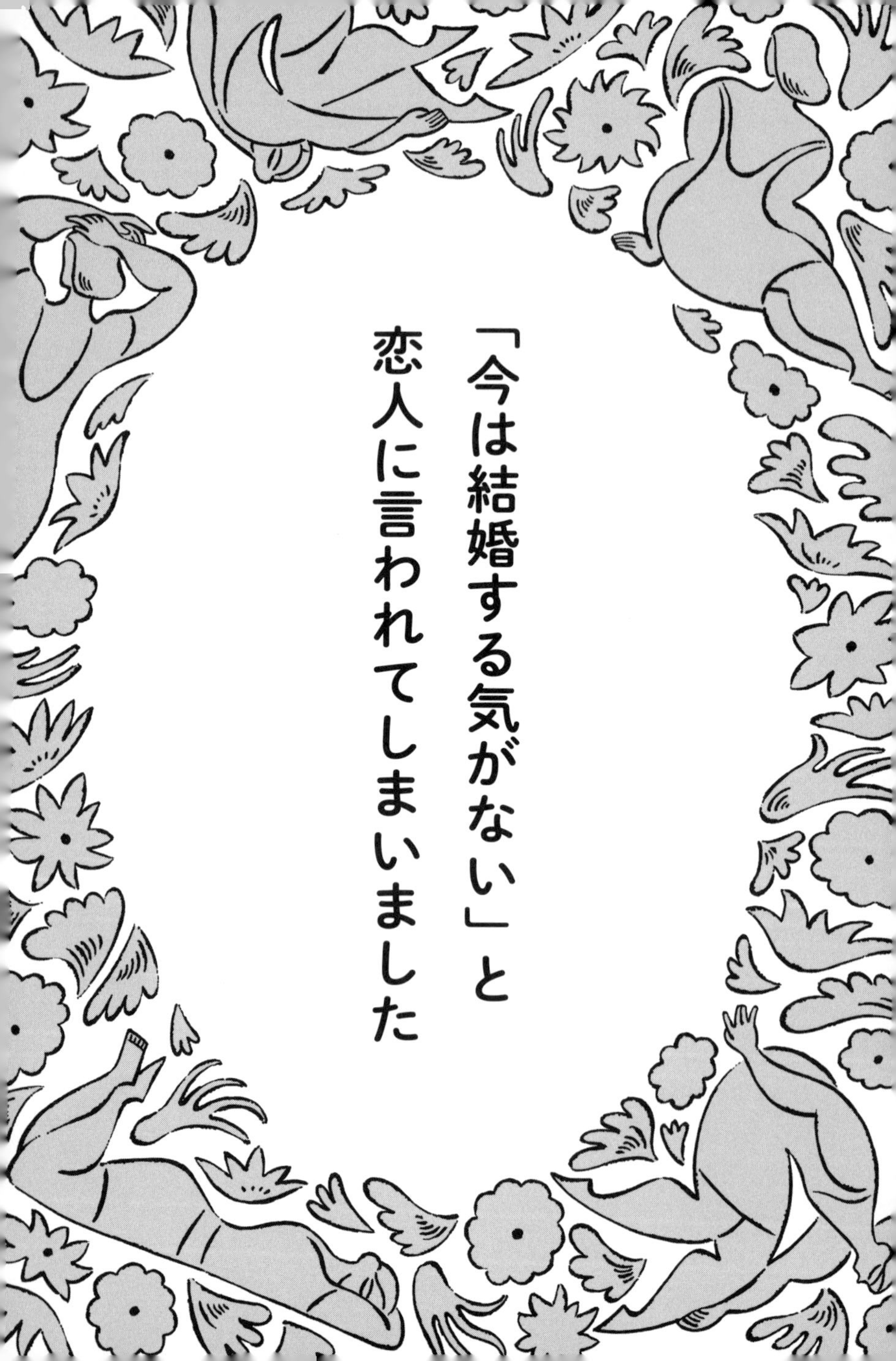

「今は結婚する気がない」と恋人に言われてしまいました

彼は選択肢が無数にあると思っています
あなたが最終発車ベルを鳴らしましょう

男性は、たいてい「結婚って面倒くさいな」と思っています。
本音はこれです。

・今は仕事に集中して、もう少し落ち着いてからがいい
・覚悟がない
・もっといい相手がこの先見つかるかもしれない

大体これらが混ざって、苦いブレンドコーヒーみたいになっています。

「今はまだ結婚はいいかな。ま、いつかするかも！」と舐めた態度で恋人を躍らせている状況は良くありません。あなたが本当に「結婚したい」と思ってい

るのなら、こんな彼とはさっさと別れたほうがいいと思います。

男性として、女性の出産の年齢制限を含めた、命と時間の有限性がわからないのは、かなり未熟であるし、幼いといえるでしょう。

ちゃんと話し合って、それでものらりくらりを続けるならリリース一択です。

「あれもいいな」「これもいいな」と決められない時代

昔は15歳くらいで嫁にいき、男性も同じくらいに元服していました。それが今は、30歳過ぎたらそろそろ……なんてペースで、15年も遅くなっています。

現代社会においては、いつでも、いくらでも選択肢があるように勘違いしがちです。「どの新幹線に乗ろうかな」くらいの気軽さで、人生の局面を乗り過ごし、「まだ便はあるし、いっか」と焦りもしない。どんどん本数が減っていることにも気づかずに。

特に男性は、子どもを産むという感覚がないので「できることならずっと遊んでいたい」が本音かもしれません。いつまでも覚悟なんて決まらない。結婚願望がある場合は、どんどん女性がリードしていくべきです。

「私と結婚するつもりある？　いつ？」と、ストレートに聞いてください。待っていても、男性はどうせ考えません。

もし「恋愛相手としてはいいんだけど、結婚するなら他にいい人いるかな」などと思われていたら、それはもう舐められて時間を食いつぶされているだけですよね。これは早く見極めたほうがいい。

未練を口にせず、余計なことも言わずに「さよなら」の覚悟を持つ。最終発車ベルを鳴らすのです。離れたくなければ、そこで駆け込んできますから。

正直、将来どうなるかなんて誰もわかりません。でも、男も女も**「これでいく」**と腹を括る。それが結婚なんです。

明日死ぬと思ったら覚悟が決まる

現代は、物に溢れ、人に溢れ、情報に溢れ、自分にとって何が本当に大切なのかが見えにくい時代になっています。

ブッダは**「自分にとって本当に大切なもの」は、「明日死ぬと思ったらわかる」**と説きました。多くの選択肢の中から、強制的に今やっておかなければいけないことを見るべきだ、と。

女性が子どもを産み、育てていくには、理屈じゃなく本能として「この人は守ってくれるか」「寄り添ってくれるか」と相手を見極めていく必要があります。それなのに、彼はふわふわした返事をしてくる。明日死ぬと思ったら「今は結婚できない」とか、ふざけんじゃないわよと思いませんか？

彼は今、あなたと結婚したいと思えない、覚悟が持てない状態なのだとしたら、あなたの決断を伝えて「さよなら」を含めた話をしなければなりません。

ここでいう「さよなら」は、駆け引きとか、言葉遊びではありません。本当に「さよなら」です。

結婚は、誰を生涯の友にするのか、自分で決断する選択です。そこに対して、同じ土俵で真剣に向き合っていけない人を早く振り落としていかないと、有限の命を弄んでいることになってしまいます。

とはいえ、本当に別れるつもりがないなら「別れます」と軽々しく言うべきではありません。結婚をしたいのか、決断をしてくれない彼とは別れたいのか、まだ別れたくないのか、答えは自分の中にあるはずです。

「明日死ぬ」としたらどうすべきか、考えてみてください。

第4章
失恋の悩み

失恋ってなぜこんなにも苦しいのでしょうか？

五感で満たされてきた「私」が空っぽになったのだから当然です

「ごめん、もう付き合えない」

そう言われた時の絶望は、はかり知れません。付き合いが長ければ長いほど、濃ければ濃いほど、半身をもがれるような痛みを感じることでしょう。

しかも、付き合いが長いと頭をよぎる思い出が多すぎます。別れてから時間が経っているのに、ビビッと感覚が蘇っては、何度もその悲しい事実がボディーブローのごとく効いてくる。辛くて当然です。

仏教ではこうした痛みを**〔第一の矢・第二の矢〕**と呼びます。

第一の矢　身体《からだ》をベースとして起こってくる痛みが「第一の矢」。その後、
第二の矢　心が作り出すもの、情や妄想による痛みが「第二の矢」。

私たちの「悲しい」「辛い」という感情は、身体《からだ》から一時発生し、続いて二次的に心から発生するのです。

身体《からだ》に衝撃的な第一の矢が飛んできた後、矢継ぎ早に心へと第二の矢がずっと放たれている状態になります。愛する人を失う失恋が、自分の生存を脅かすほどの苦しみをもたらす所以《ゆえん》です。

「え、なんで?」「本当に終わり?」「あそこへ行く約束もしてたのに」「彼のいない世界なんていらない」「辛い時に頼りたいのが彼なのに」「もう無理!!」

第二の矢どころではない、第三、第四、第五の矢がずっと刺さって止まりません。この矢は一体誰が放っているのでしょうか。

それは紛れもなく自分です。まずは、そのことに気づいてください。

失恋で傷ついたのは「自分」ではない？

失恋がしんどい理由は「自分」が傷つくからではありません。人はよく自分探しに勤しみますが、本来「自分」とか「アイデンティティー」などありません。「自分」という言葉があるだけです。

「え、どういうこと？」という声が聞こえてきそうですが、私たちの肉体は日々、細胞レベルで皮膚、筋肉、そして骨の髄まで入れ替わり続け、変化しています。だから、ブッダに言わせれば「自分」なんてないのです。

では「この『私』って感覚は、なんなのさ!!」ですよね。「私」という感覚を「私」にもたらすのは**〔六根・六境・六識〕**だと仏教では考えられています。

六根
六境
六識

六根＝眼、耳、鼻、舌、身、意
六境＝色境、声境、香境、味境、触境、法境
六識＝眼識、耳識、鼻識、舌識、身識、意識

六根とは目、耳、鼻、舌、身体《からだ》、心といった何かを感受する感覚器官（仏教では心も感覚器官の一つと捉えます）。六境とは、色や形、音、香り、味など、感覚器官が触れた対象のこと。六根（感覚器官）が六境（対象）に触れて、脳が認識することを識といいます。目から入った刺激（色や形）を脳が捉えることとは眼識、耳から入った刺激（音）を脳が捉えることは耳織となるわけです。

現代の科学や医学にも通じるこの仕組みを、ブッダは２６００年前にすでに観察しておられました。六根を通じて、六境に触れ、六識を得た瞬間、実は「私」を感じるのです。

例えば、恋人にギュッと抱きしめられて「『私』は愛されている」と認識す

る。この「私」を何度も何度も確認したくて、あなたは「ギュッとして」と恋人に言うのです。こんなふうに、恋愛を通して「私」という感覚が生まれ、幾度となくそれを味わい、強烈に満たされていきます。

それをいきなり「ごめんなさい」と供給ストップされるわけですから、そりゃ**「もう無理!!」**という気持ちになります。

失恋の苦しみから抜け出すには?

では、この人生最悪の苦しみから解放される術《すべ》はあるのでしょうか。

まずは失恋したという現実を「観て」、我慢せず涙が枯れるまで「泣いて」、家族や友達に苦しみを「話して」、最後はゆっくりでもいいから「歩いて」いく。

具体的な方法はこの章で詳しくお伝えしていきますが、心の痛みを自分自身で癒していく基本の4ステップをぜひ覚えておいてください。

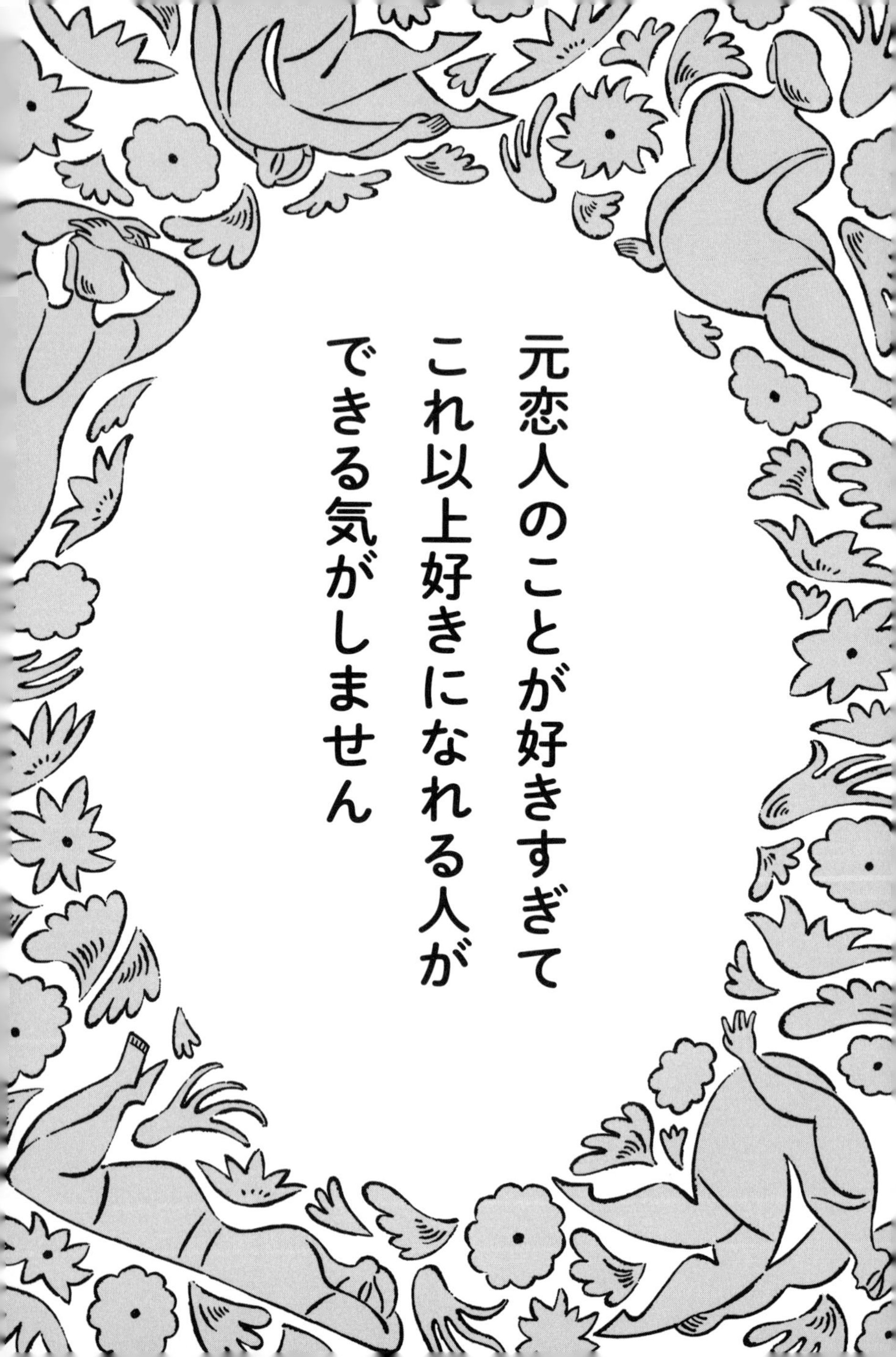

元恋人のことが好きすぎて
これ以上好きになれる人が
できる気がしません

それは「愛」ではなくて「執着」です 賢者の教えに耳を傾けて手放しましょう

元恋人がとても素敵で、忘れられない。いい恋をなさったんですね。でも、あなたが3000人ほどの方とお付き合いをした経験を経て「あの人以上に好きになれる相手はもういない」という結論にたどり着いたわけでないのなら、それは少し説得力に欠けます。

もしかしたらこういう気持ちはありませんか？

・私を振った相手が許せない
・あんなに尽くしたのに結婚してもらえなかった
・また一から関係を作っていくのがしんどい
・逃した魚は大きかった！

人間は、自分を傷つけた相手に対して執着します。

「ちゃんと話せば」「私が悪いところを直せば」そう考えて復縁を切望する人もいます。しつこく連絡をしたり、時には待ち伏せをしてしまったり、恋を取り戻したいと思えば思うほど心は暴走してしまうものです。

ですが、感情的な思いが相手の心を揺り動かすのは、高校生の恋愛まで。30代にもなると、恋人も周りもドン引きします。最終的には、元恋人にこう思われます。**「良かった。この子と結婚しなくて」**と。

執着の感情に理性で打ち勝つ

楽しいことやうれしいことは誰でも受け入れられます。でも辛いこと、悲しいことは受け入れがたい。そこを乗り越えられた時、人間の器は広がります。

まずは、辛く悲しいその現実を「理解」していきましょう。

あなたが執着しているのは何でしょうか。元恋人ですか？　違います。あなたの中にある理想や妄想に執着しているだけ。身も心もボロボロになるほどあらゆる感情に振り回され、冷静に理性で判断できない状態です。

感情は、理性の何倍も強靱、例えるなら大きな壁です。一方、理性といえばネズミ程度の大きさ。非力で小さい。でも、小さなネズミでも、繰り返しかじれば、壁に穴を開けることができます。

ここで一度、理性で考えてみましょう。別れたということは、お互い相容れない理由があり、この結果に至ったのです。同じ形にはもう、戻れないんです。

先人たちはどうやって根強い執着を手放したのか

執着から離れる時にぜひ取り入れてほしいのが〔**賢者の教え**〕です。

賢者の教え

仏典の中に書かれていること。ブッダが教えた、幸せでいるために日常的にやっておくといいこと。

おすすめは、短い詩節で教えが説かれている『ダンマパダ』。書店に行けば邦訳の本が手に入ります。また、私が日々発信しているYouTube「大愚和尚の一問一答」でも賢者の教えを届けています。

賢者ブッダのイケてる教えは、人の心を支えてくれます。読んだり聴いたりを繰り返すことで、考えや行動が自分に刷り込まれていく。いわば**ブッダラーニング**です。

「えー、仏典なんてムズい。アマプラかネトフリで恋愛リアリティショーとか見て勉強したほうが良くない？　リアルだし」

そう思われるかもしれません。でも、私はあえて賢者の教えを推したい。長い歴史の中では、愛する人を失ったり、子どもを亡くしたり、強く深い悲しみを味わったことのある膨大な数の先人たちがいます。彼らが拠り所とし、何百年、何千年と受け継がれてきたのが賢者の教えです。

恋愛や人生に近道も裏ワザもありませんが、賢者の教えという智慧に普段から触れておくと、心の基礎防御力が爆上がりします。何かが起きた時に、自分の心を守ってくれるでしょう。

あなたが学んだ智慧は心の栄養となり、丈夫な心を作ります。

現代のインフルエンサーの影響力や再生回数が霞むくらいの歴史を超えた**ぶっちぎりのベストセラー**です。信用できますよ。

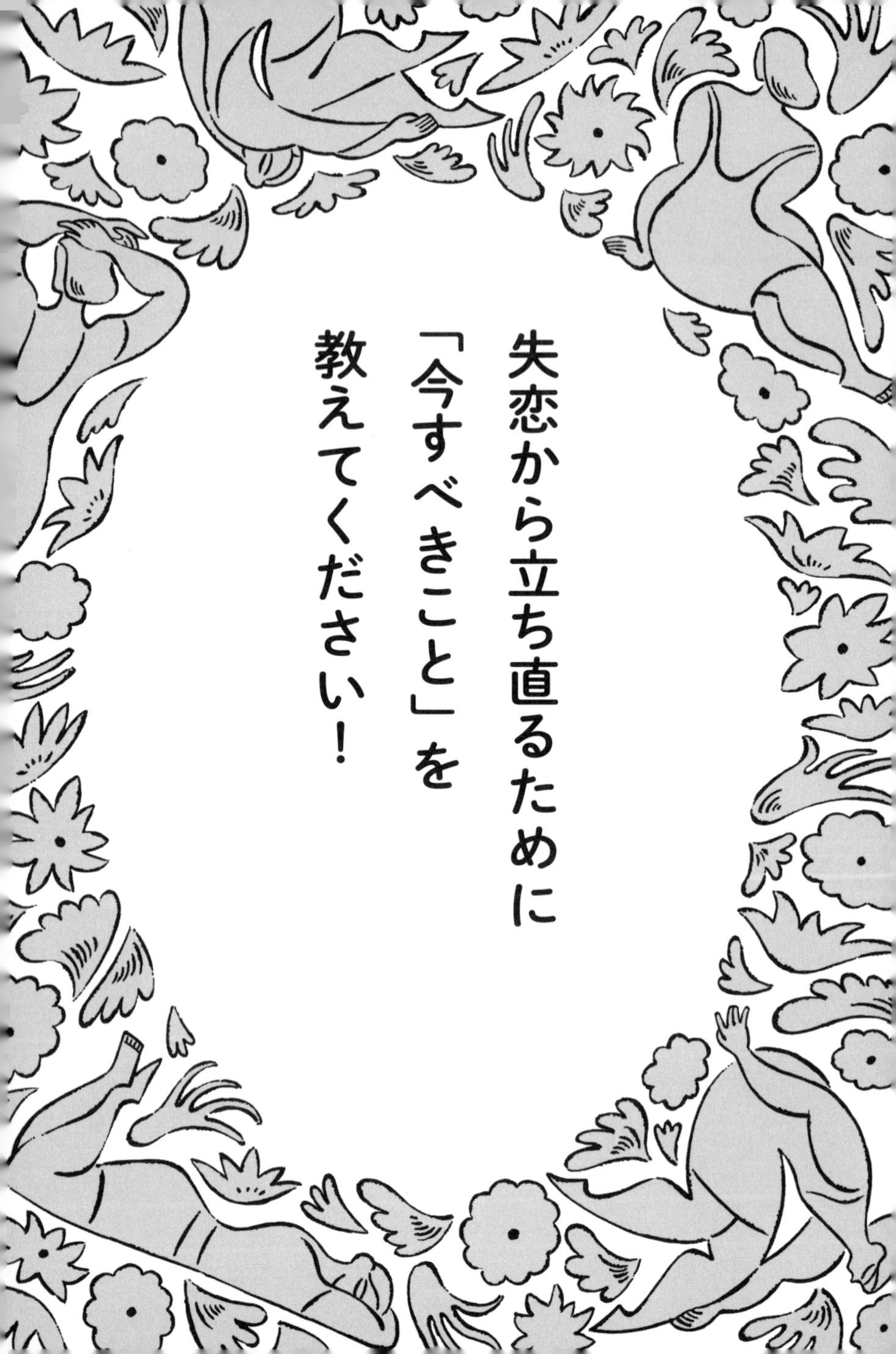

失恋から立ち直るために
「今すべきこと」を
教えてください！

寂しさに課金するのはNGです 孤独と向き合って心を整理整頓しましょう

失恋すると、最初は絶望感が、次に怒りがやってきます。さらにその後「この恋をどうしても取り戻せない」と気づいた人はどうすると思いますか？

「神様、仏様、助けてください！　彼の気持ちをもう一度戻して!!」

こういう都合のいい神仏との取り引きみたいなことが心の中で始まるんです。辛い気持ちをごまかすため、やがてこうなります。

「とりあえず辛い今を乗り切るためにエステに行って、友達と飲みにいって、ホストクラブデビューもいいかも。あ、明日は占いに行こうかな」

こうしてエンドレスループの**寂しさ課金**がスタートです。これでは失恋するたびにお金がなくなっていくし、魂も抜き取られていきます。

望ましくない刺激物を六根に与え、心の傷を麻痺させる痛み止めをずっと打ち続けていても、対症療法にしかなりません。

失恋後にすべきことは「忍辱《にんにく》」

根本治療として重要なのが「孤独に耐える」ことの練習です。仏教では、この大切な心の修行を【**忍辱《にんにく》**】といいます。

忍辱《にんにく》

我慢ではなく、じっと耐えること。孤独な時こそ人は自分自身の内側に集中できるため、心が動かないよう耐え忍ぶ修行期間にあてるといい。

耐える中で、感情を持て余すこともあると思います。できることならば、そのエネルギーは、仕事を頑張ったり、習い事でスキルを上げたり、自分の成長のために使えると最高です。悲しみのエネルギーを上手に放出してください。

さあ、人生の整理整頓を！

失恋と向き合い、忍辱《にんにく》しなければいけない。でも、スマホを見てしまう。わかります。厳しい現実ですが、やらねばならないことがあります。

それは、スマホの中にある彼とのメモリーを全て消去することです。

みなさん、大概消せていません。写真も次々と出てきます。消してください。あなた自身で、苦しみの一端をずっと握りしめているんです。本当にこの苦しみを続けたくないと思うなら、しがみついているものを最後に手放すのはあなた自身なのです。

思い切ってやってみると、まず物理的な拠り所がなくなります。さらに自分の視界から元恋人の痕跡が消えるので、次第に心からも消えていきます。

意外かもしれませんが、思い出すのはＯＫです。嫌でも、時が経てば元恋人との思い出から色が抜けていき、匂いが抜けていき、肌感覚を忘れていきます。思い出はだんだんと薄められていくから大丈夫。手放す作業ができるようになると「彼と付き合った」という記憶は残り続けても、辛かった思い出を笑顔で話せるようになっていきます。

仕上げに、人生を整理整頓していきましょう。

・整理＝自分にとって必要のないものを見極めて捨てること
・整頓＝自分にとって本当に必要なものを見極めて戻すこと

もしかしたら、恋愛によって、仕事がちょっとおろそかになっていたり、友人と疎遠になっていたり、好きなことをストップしていたりしませんか？

人生にとって大事なことをもう一度見つめ直し、優先順位の中に再び組み込んでいきましょう。

失恋後にやることリスト

- □ 連絡先を消す
  (LINEと電話番号とメール)
- □ 動画と写真を消す
- □ 指輪を質に入れる
- □ 彼からのプレゼントを売る
- □ お揃いのものを捨てる
- □ 彼のSNSをブロック
  or フォロー解除
  or 自分のSNS を消去

別れた恋人と友達になるのは
アリだと思いますか？

友達になりたい真意は何ですか？ すがる手段にしたいなら完全にナシです

本当に「友達」になりたいのですか？　結果としてそうなったらいいと思うんです。でも、こんな邪《よこしま》な気持ちはありませんか？

・彼と離れたくないから「友達」でいたい
・復縁の可能性を消したくないから「友達」でいたい

そこには執着心丸出しの理由がないでしょうか。すがる手段として友達でいようとするのは、ハッキリ言ってナシです。

もちろん「別れた人と恋人になれる説」はあるでしょう。いい友達になれるパターンもあるとは思います。稀《まれ》に。

でも、失恋したばかりで**「友達でもいい‼」**と鼻息荒く言うのは、戻りたいという執着心が見え見えです。

別れた恋人との思い出は、心に刻み込まれた「楔《くさび》」です。打ち込んだ楔《くさび》が浅ければ、すっと抜けて後腐れなく、別れた後も友達でいられるでしょう。

一方で楔《くさび》があまりにも深く、そしてあまりにも長いこと打ち込まれていれば、抜こうとしても、途中でちぎれて腐った部分が地面（心）の中に残るんです。

それでもいい友達になれますか？　実際には、かなり厳しいと私は思います。

「友達＝都合のいい女」にならないために

人って、痛みや危険を避けて、自分にとって快適なものや快楽を求めるように本能でできています。恋人と別れた時、心身共に受ける衝撃はとてつもなく大きいので、失恋の痛みや危機を避けたいと、諦められなくなってしまう。

そうなると、こういった交渉に持ち込んでしまう人がいます。

「私たち、別れてからも友達になれるよね?」

「しょっちゅう会わなくてもいい。たまに会ってお茶する友達になろうよ」

孤独に耐えられないから。でも、相手の認識的には「元カノ↓都合のいい女」に格下げになるんです。ちょっと寂しい時に都合良く呼び出せる、ズルズルとした関係が続いてしまいます。

お願いして会ってもらっている。これではもう、あなたは辛いし満たされない。代わりに、どんどん惨めになっていきます。自分で自分の価値を下げてしまっては、あなた自身が可哀想です。

しかも言ってしまえば、そういうことにいつまでも付き合う元彼も、ロクな男ではないと思います。彼自身嫌われたくないから、バシッと断ることができないだけで、そこにあなたへの「優しさ」なんてこれっぽっちもありません。彼の心が欲しいあなたは、より苦しむことになるでしょう。都合のいい女になってしまう可能性が高い。ここはきちんと決断して別れてください。

お互いのために「決断」が必要

失恋した直後は、何とかして自分の逃げ道を探してしまう。でも、そこを絶たないとダメです。「もう道はない」と自分に言ってあげないといけない。「決断」とは「決めて断つ」と書きます。新たな道を決めて、古い道を断たないといけません。

キレイに終われる恋なんて、そもそもないのです。それなのに「いい思い出にしたいの」とか「友達として仲良くしたい」とか言って、何度も何度も会おうとする。愚かな行為です。

別れなんて、ちょっとした後悔が生じるぐらいが丁度いい。そのほうが、相手に対しての少しの思いやりと余力を残して別れられます。

1回でもいいから苦しみを乗り越えていく経験を自分で掴み取ってください。それが、大人になって自立していくということです。

私にできるのは、もうひたすら祈ること。あなたを苦しめている恋が癒えますようにと、福厳寺《ふくごんじ》で毎日祈っています。でも、執着する恋の成就はお祈りできませんので悪しからず。

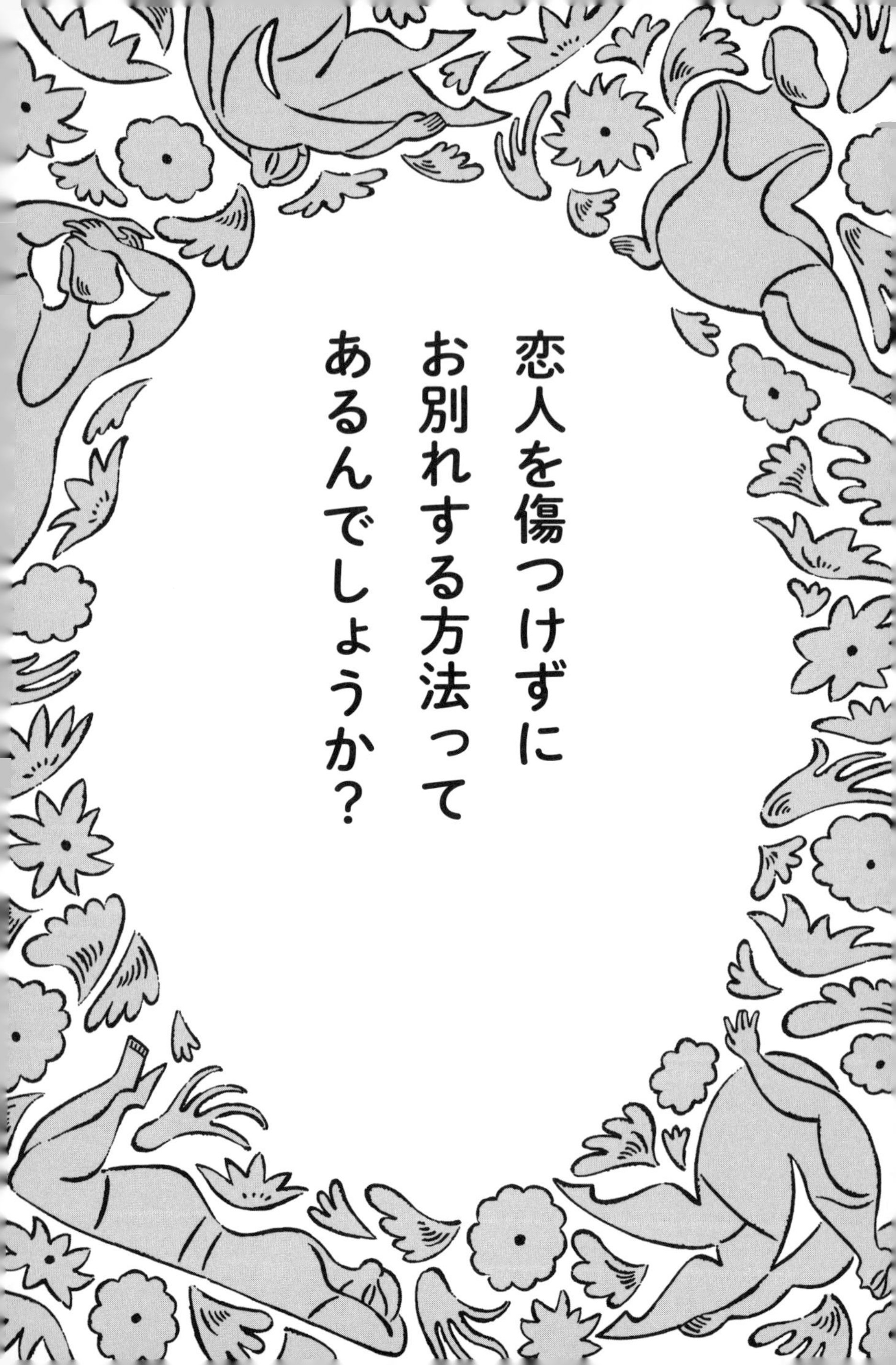

恋人を傷つけずに
お別れする方法って
あるんでしょうか?

誰も傷つかない、傷つけない恋はありません
愛をもって別れてあげましょう

私たちの心は、どんなものも壊したくないし、傷つけたくない。なぜなら、傷ついているものに対して共感してしまうからです。

恋愛では、誰かを傷つけて初めて、傷つけることの痛みを知ります。

しかもこれは罪悪感を伴います。その罪悪感の重さゆえに、すがりつかれると「ひょっとしたら自分の中にも悪いところがあったかも」と悩むわけです。しかし、その揺らぎが一番良くない。可能性を残したり、あなたの心に迷いがあったりすると、相手は期待してしまいます。それは、優しさでも何でもありません。

もっと言えば〝相手を傷つけた〟のではない、勝手に〝相手が傷ついた〟のです。ここを間違えてはいけません。

1位になれないならビリになりたい?

別れを告げたことで「心の病気になった」「もう死にたい」などと元恋人から連絡が入るかもしれません。そうなると、あなたもさすがに心配しますよね。

人はエゴによって、反対側の1位=ビリを取りにいってしまうのです。

エゴとは、この宇宙の中で最も高い優先順位で、最も大切にしてもらいたい、という命の欲求だと説明しました。つまり相手のエゴはこう言っているのです。

「この俺を振るの? ありえなくない?」

エゴからすれば、最上位から突き落とされたのだから許せない。エゴって超超超面倒くさくて、常に一番でなければダメなんです。なので、今度は一番ビリっけつを狙いにいきます。

「あー、俺死んでもいいや～。生きててもしょうがないし～（チラッチラ）」

一番下を取りにいってひねくれたり、気を引こうとしたりする。超厄介者です。あなたが相手にしてしまったら、彼のエゴ的には大成功なわけです。

以後、どんどんエスカレートしていきます。相手が自分の傷を自分で乗り越えていくことができなくなってしまうのです。

それでもあなたは応じ続けますか？

別れに必要なのは「断固たる意志」と「誠意」

傷つけない恋はないけれど、お互いにとって良い別れ方はあります。大切なのは3つです。

①誠意を尽くして別れる
②相手に同情したり引きずられたりしない
③理由を伝えるなど納得できるよう話し合う

人間関係のもつれは一筋縄ではいきません。人と人とが時間をかけてはぐくんできた関係なので、別れる時にもある程度時間が必要だと思います。人としてちゃんと接して、お互いに納得するのがベストです。

・黙って連絡を取らなくなる

・相手があなたのことを嫌いになるよう仕向ける

こういった小細工はダメです。

しかるべき時を選んで「こんな理由もあって、ごめんなさい。お別れします」ときちんと相手が理解するまで何回も説明してあげること。

あなたには明確な理由があるかもしれませんが、相手には「突然別れを言い出された」という感覚があります。

簡単には納得してもらえないかもしれません。食い下がってくることもあるでしょう。そんな時はきちんと顔を合わせて、クタクタになるまで話し合いを繰り返しながら、**お互い傷つけ合うという儀式**を経てください。

「ああ、もうこれ以上は厳しいんだろうな」と相手が受け入れて、離れていく。形は変わってしまったかもしれませんが、これも愛の一つです。

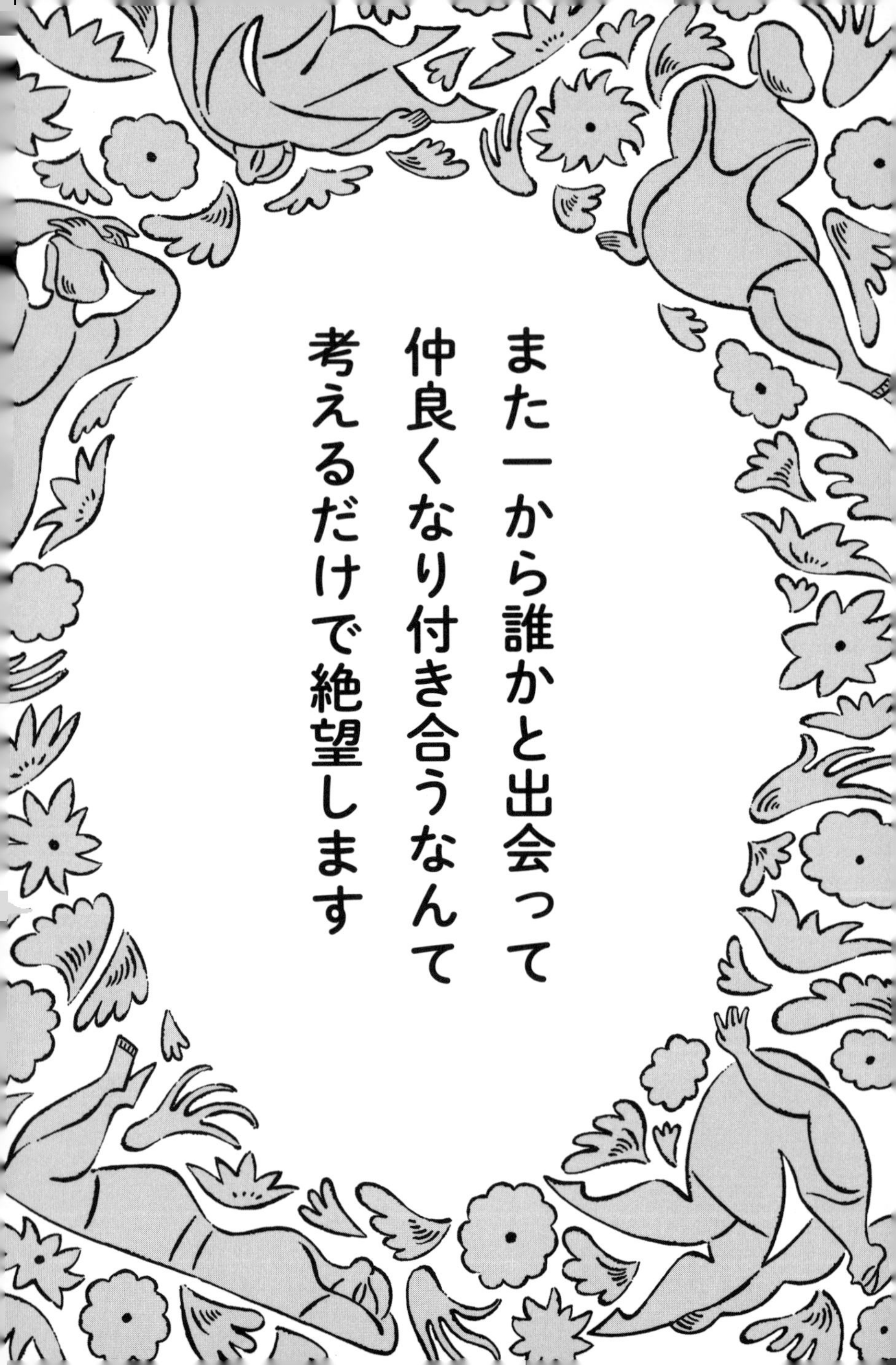

また一から誰かと出会って
仲良くなり付き合うなんて
考えるだけで絶望します

勇気も体力も減ったけど その分「冷静さ」が武器になります

すぐ次の恋なんて、別にしなくていいんです。

それに年齢を重ねてからの恋って、体力もいるし、勇気もいります。だから、面倒に感じるのはむしろ自然なこと。

でも、面倒くさい時こそ、ちょっと冷静になれるメリットもあります。焦らず一つ一つの恋を大切に静観しながら、向き合う時間にしてはいかがでしょうか。

今は理性で見極めて恋をしていくのに最適なタイミングともいえます。

「運命の出会い」を待ち構えるための準備期間

失恋は「運命の人と出会うための試練」だったと考えると、ちょっと前向きになれませんか？　しかも運命は変えることができます。だって、ブッダがそう言ってますから。

ただし、あいにく変えられないこともあります。それは「恋人から振られた」という**運命の結果**です。

では、悲しい結末を迎えないようにするために、どうやって運命を変えるのか？　ここで重要なのが、仏教の**〔身口意《しんくい》の三業《さんごう》〕**です。

身口意《しんくい》の三業《さんごう》

①思い（意）②口に出し（口）③行動する（身）こと。

運命は、あなたの「人格」で決まります。その人格は「習慣」からできています。そして、習慣はあなたの無意識の「三業《さんごう》」が基になっています。

三業《さんごう》はとてもシンプルです。日々生きている中で、何かを心で思い、思ったことを口にし、行動に移していきますよね。人は、毎日ずっとこの三業《さんごう》を繰り返しているのです。

つまり、次のように三業《さんごう》を変えれば、習慣、人格、やがては運命が変わっていきます。

①善いことを意識する
②口に出す言葉を変えてみる

③行動に移していく

今は三業《さんごう》を変えていく成長の時間にして、その上でたった一人の「この人だ！」と思える相手を見つけられればいい。きっとまた素敵な恋ができます。

「結婚への近道」を使うのも手

年齢を重ねると、正直、恋で無駄な失敗はしたくないですよね。特に結婚や出産を考えると、恋愛の駆け引き、見極めに時間をかけることすら面倒でリスクに感じられるでしょう。そんな時におすすめの手段があります。

それは、今、**あえてのお見合い**です。

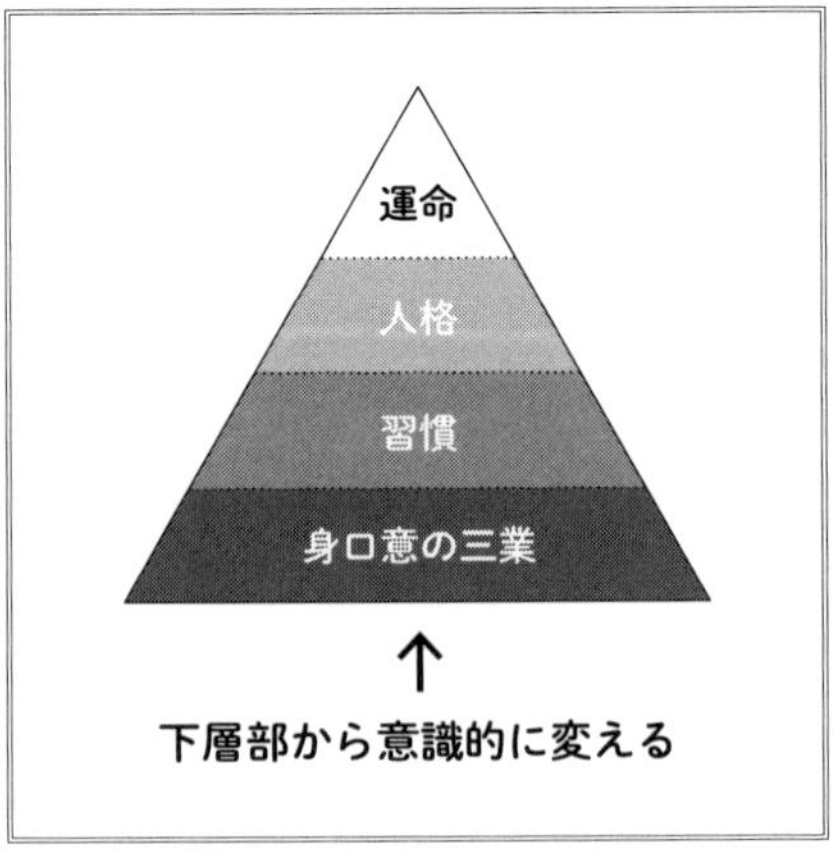

別に恋愛結婚じゃなくても、幸せになれたらいいと思いませんか？

一説によると、恋愛結婚の離婚率は約40％、お見合いは約10％。あなたが「次こそ本気で結婚したい！」なら、私は断然お見合い推しです。

「１００％の好き！」で恋愛結婚できても、盛り上がっていた分「理想と現実が違った」と減点法になり、別れてしまうこともある。お見合いなら「今はまだ70％くらい好き。でも尊敬できるところがあるし、やっていけそう」とお互いを育てる**のびしろ結婚**ができるのです。

というわけで、好き好きピーク婚を超えていける可能性があるお見合いもぜひ視野に入れてみてください。

第5章
浮気・不倫の悩み

浮気性な人ばかり
好きになっちゃうのって
理由があるんでしょうか？

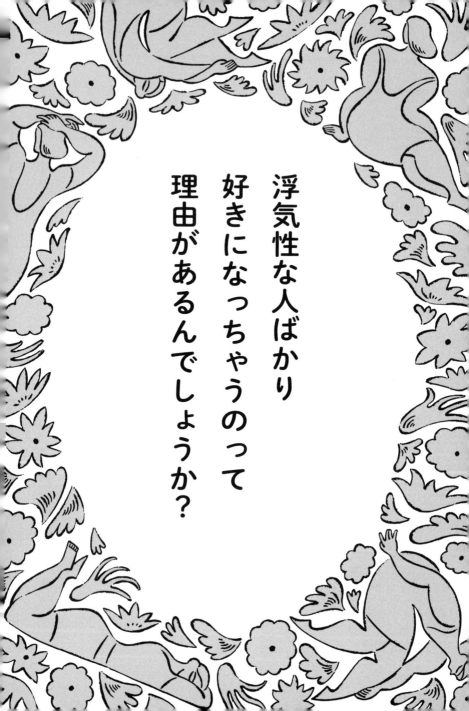

浮気は確率論です！
カップルは危ういバランスで成り立ちます

大前提として、浮気性の人は「浮気ができる」んです。魅力的だから。

浮気性の悪い男ほどかっこよく見えるのは、このためです。魅力に溢れた人は当然チャンスや誘惑の機会が多いので、浮気の可能性が膨れ上がります。

半面、浮気しない人は、ひょっとしたらたまたまモテないので「浮気ができない」だけかもしれません。

人間は誰しも浮気する素質を持っている

私に言わせれば、誰でも浮気をする可能性があるわけですが、実はこれって確率論です。

①浮気できるだけの魅力がある
②浮気できる相手がいる
③お互いの気持ちが近づくタイミングがあった

②と③が揃ってしまうと、①がなくても浮気はできます。逆に①があっても、同性のみの職場で家と職場の往復しかないのだったらチャンスはありません。

ただ、人間関係は流動的なので、この確率は常に変化していきます。

②は相手が転職したり、部署が変わったりすれば、これから出会ってしまう可能性がある。③は今の恋人に飽きていたり、仕事で疲れていたり、嫌なことがあったりする時、突然タイミングがやってきます。一番慰めてほしい時にふと優しい声をかけてくれる人がいたら……。そりゃ、浮気も起こるわけです。

男性も女性も社会に出ての活動が許される現代において、出会いのチャンスは溢れ返っています。すれ違う交差点が増えれば増えるほど、交通事故の発生確率は上がるのです。

人間には、そもそも浮気性の素質があります。

あなただって、美容室、めちゃくちゃ浮気しますよね？ ちょっと気に食わないことがあったり、新しいサービスが出たりしたら、すぐに乗り換えるじゃないですか。

人間は飽き性なのです。新しいものを求めるし、とにかく刺激を求める。

本当に長いこと関係を続けようと思ったら、恋人とぶつかったり、心が一時期離れたり、揺れたりすることは必ずあります。恋愛は、これを繰り返しながら「やっぱり、この人が大切だな」と、揺れたからこそ再確認して戻ってくる部分もあるのではないでしょうか。

人生も恋愛も、ずっと右肩上がりとか、一定の状態が続くことはありません。これこそ「無常」なのです。

生きていると、良い時もあるし、そうでない時もあります。お互い大好きだから盛り上がる時もあれば、熱が入りすぎて苦しくなり「もうやめよう」となる時もあるのです。

目に見えない小さな波を繰り返しながら、気がついたら、無事になんとか一緒にいられたという感じで、恋人や夫婦なんて、みんな危ういバランスの上に関係が成り立っています。

浮気性な人につい惚れてしまうあなたへ

浮気が許せないのは、あなたのエゴのせいです。

「浮気をされて嫌だ！」と思うのは、「この自分」をバカにされ、「この自分」を否定されたという感覚が強烈に襲ってくるから。「この私を差し置いて！」

というのが裏の心理としてあるのでしょう。

でも、感情をこじらせて「1秒たりとも、一瞬たりとも、もう私から心をずらしたら許さない」という態度でいると、逆にうまくいかなくなります。

例えば、カマをかけたり、隠れてスマホをチェックしたりする。常に疑っていなければならない関係って辛くないですか？

気になるのなら、**ストレートに聞くのが一番。**カマをかけるなんて性格が悪い！　姑息なことをすると、人としての魅力が半減してしまいます。

「浮気の素質は誰にでもある」なんて脅してしまいましたが、その中にも「絶対僕は浮気しない」という安心感、安定感のある人っています。

モテる人ばかり追いかけて、カマをかけるスキルを上げるより、自分が心穏やかに過ごせる人を選ぶことに目を向けてみてください。

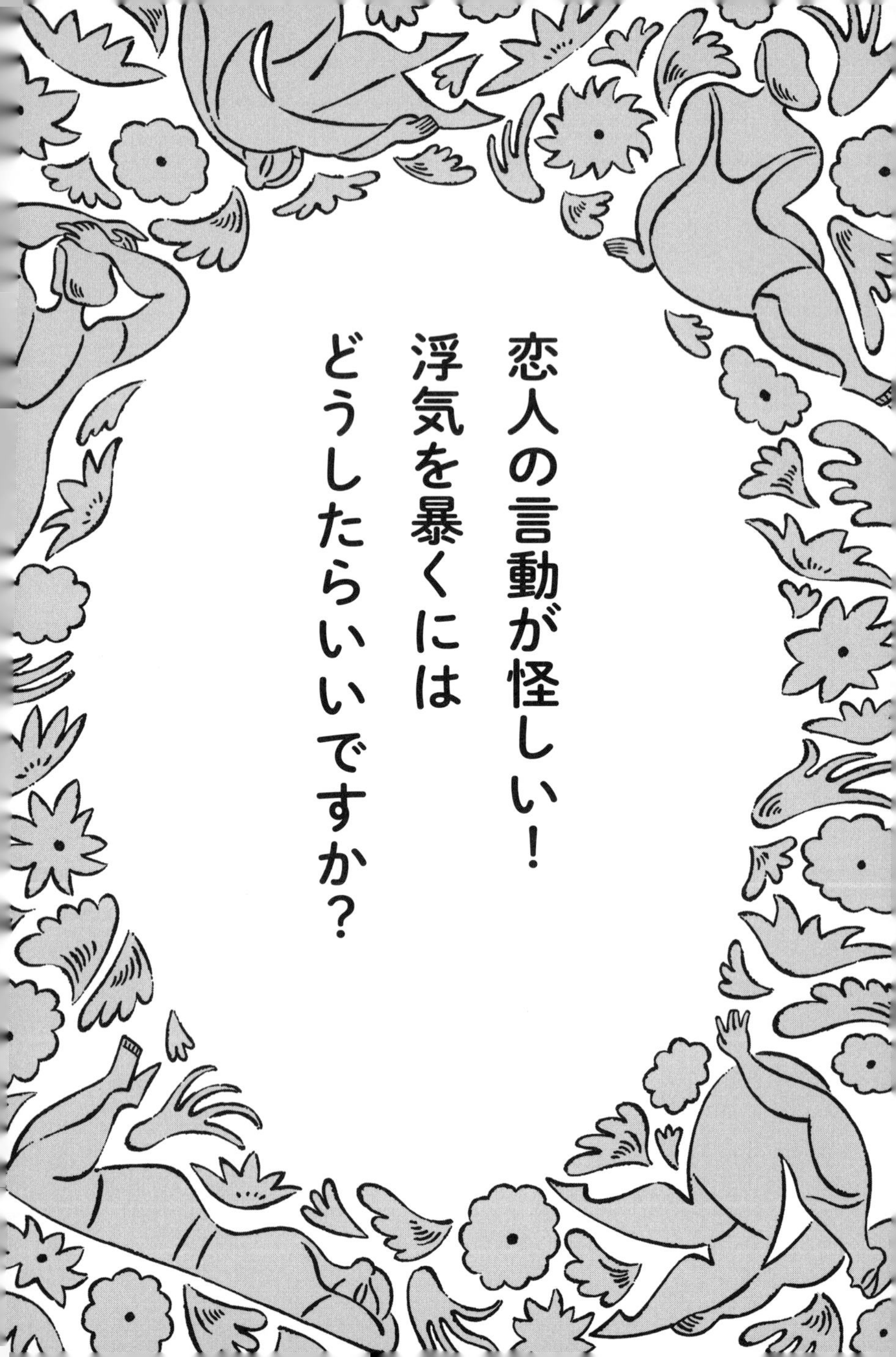

恋人の言動が怪しい！
浮気を暴くには
どうしたらいいですか？

遠回りすると真実は逃げます 冷静に対話をして諦める心を持ちましょう

簡単です。単刀直入に聞きましょう。

あなたはこれをやらなければならないのに、できない。なぜでしょうか？

「揉めたくない！」「嫌われたくない！」からです。だから本音を聞くことが大切だとわかっていても、中途半端な聞き方をしてしまうのです。

結果、のらりくらり交わされて答えもわからず、モヤモヤしながら付き合い続けるか、相手とうまくいかなくなるか。そんなところでしょう。

でも、ごまかされながら中途半端な交際を続けるほど、人生、長くはありません。

鞘から刀を抜いて、相手の本心にスパッと斬り込んでいきましょう。

ただし、斬り込み方にはコツがあります。

×↓ねぇねぇねぇねぇ！　どゆこと⁇　は⁉（怒り×１０００）

○↓ちょっと最近ココが気になってるんだけど、どうですか？（静）

ポイントは冷静に聞くこと。こう出られると逆にドキッとしますよね。「詰める」という感覚で怒ってしまうと、向こうはあなたの怒りから逃げようとして防御反応を取ります。相手の緊張感を引き出すと、ケンカして終わったり、ごまかされたりして、知りたかった真実は爆速で走り去っていきます。

マインド的には、「コンコン。失礼します、ちょっといいですか」というくらい丁重に。正面からケンカをするのではなく、きちんと対話をすること。

小さな子に「怒らないから正直に言って」と諭す時、打ち明けた途端に「やっぱり！」と怒り始める親は結構います。こんな囮《おとり》作戦では、二度と本音を話してくれなくなりますよね。

超シンプルに尋ねてみる

イライラしているからといって、相手を威嚇するのはもってのほか。話し合って解決し、合意に至ることがゴールです。では、単刀直入にどう聞くべきか。

シンプルに**「浮気してる？」**と聞いて、ゆっくり3秒相手の目を見る。

これでOKです。核心をつくと相手は揺らぎます。3秒経過しても相手が何も言わない場合は「わかりました」の一言で終わらせていい。

相手は何がわかったのか、わからなくて怖いはずです。これ、子どもの頃いたずらをした時、私の母によくされたことを覚えています（笑）。

暴こう、カマをかけようと、周囲から攻めていくと、鉄壁の防御に入られてしまうし、考える余地と隙を与えてしまうのです。

スマホをこっそり見たりせず、真正面から聞く。なぜかというと「俺の見てないところで勝手にスマホをチェックしたのか！」と、違う話にすり替えられて本当に聞きたいことが聞けなくなるからです。相手に威嚇モードになる理由を与えてしまうのは巧みではありません。

恋人が目を泳がせながら「し、してないよ」と返す可能性も含めて、許すか許さないかは、真実を知った後に考えましょう。

恋を諦める＝明らかにする

相手に浮気の事実を確認する時、一度恋を諦めるつもりで臨んでください。

「諦める」といっても、ギブアップという意味ではありません。

仏教において諦めることとは、明らかにするということ。前向きな意味があるのです。諦める心を持って恋から離れると、「この人が本当に好きなんだろうか」と客観的に自問自答することになります。そして、「本当にこの人が好きだ」と思えば、自分の中で覚悟と準備ができるでしょう。

「私以外に好きな人ができたらちゃんと言ってね、別れるから」

覚悟を決めたら、そこまではっきり言うことです。こうやって話せる女性に対して「**本質的なことを見られる人だ、賢いな**」という尊敬が生まれます。これ、最終的にフラフラッと彼が戻ってくるきっかけになることすらあります。

戻るにしろ、別れるにしろ、単刀直入に斬り込む勇気によって関係が変化していきます。とても良いきっかけの一つだと思ってください。

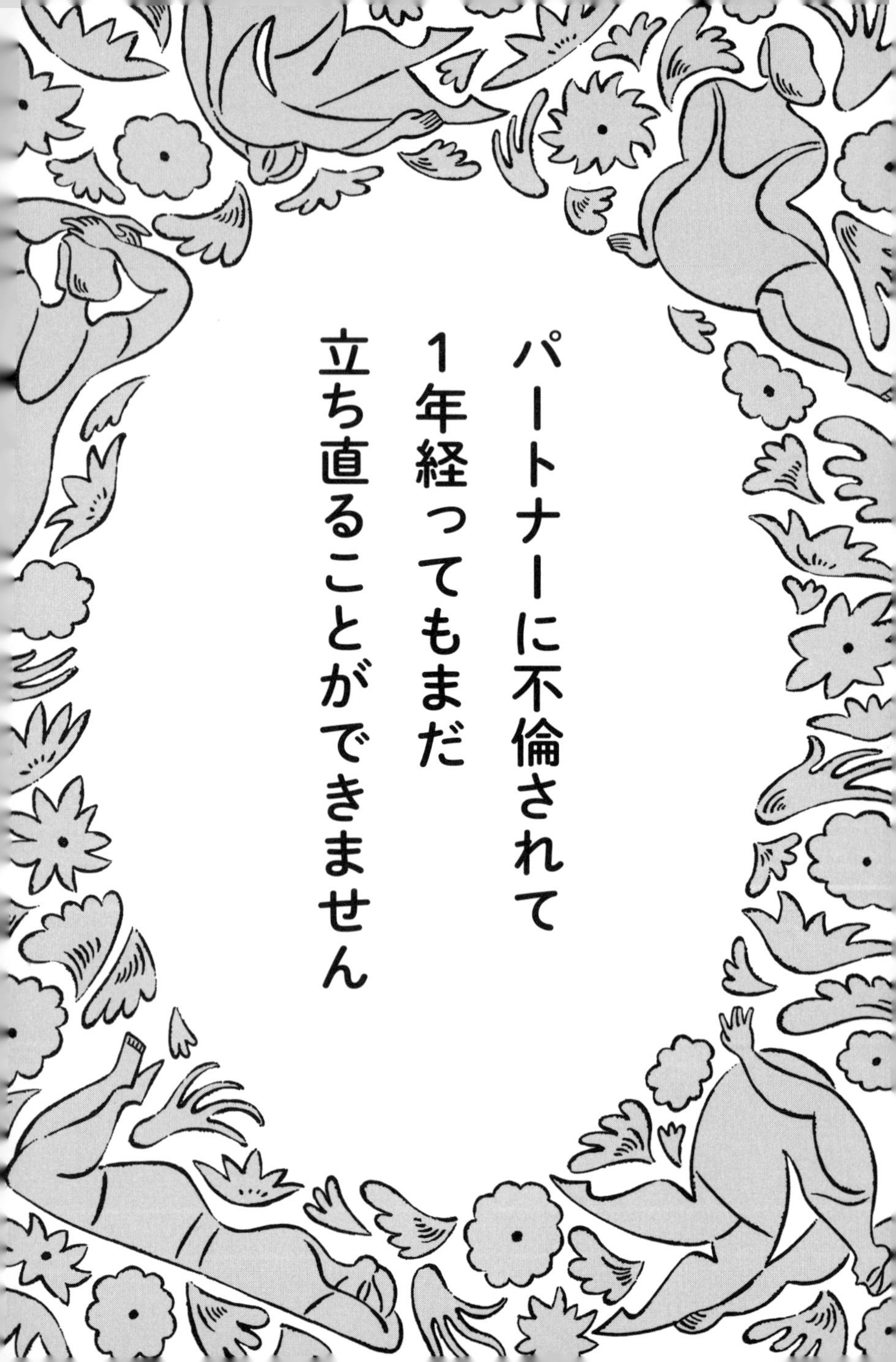

パートナーに不倫されて
1年経ってもまだ
立ち直ることができません

強烈な苦しみや悲しみも無常
良くも悪くも永遠は何事にも存在しません

強烈なダブルパンチを受けたのですから、すぐには立ち直れなくて当然です。

1発目は、信頼していた相手を失ったショック。2発目は、最終的に選ばれなかった自分に対しての失望。両方とも、重いですよね。

最愛の人が別の人を選んだという事実に、自分のエゴが深く傷つくのです。

エゴが傷つく=自分という存在が否定されてしまうことです。

自分のプライド、すなわち「自分」を失うほどの緊急事態です。交際、結婚と、共に生活を送ってきた何年もの人生がリセットされるのですから、痛みや苦しみが薄まっていくためには、相当な時間がかかります。

ただ、悲しきかな、今起きたことを冷静に紐解いていくと**「全て自分の選択だったんだな」**というところに帰結します。でも、なかなか渦中にいるうちにはわからないし、到底受け入れられませんよね。

傷を癒すには、全てを一旦ゼロにしなければならない。しんどい作業です。

家の片づけや婚姻関係の解消に基づく報告、手続き、これら全部を、現実と向き合いながら一人で片づけなければなりません。片づけていけばいくほど、**必然的に思い出と向き合うことにもなります。**

しかも、こんなにも自分が苦しい時に、一緒に人生を立て直してほしかったかつてのパートナーはもういない。目の前の現実が全て、心の苦しみを増幅させてくるのです。本当に心を砕かれると思います。

苦しみは理解で乗り越える

「何としても、この痛みから早く抜け出したい。耐えられない！」

自分が一番不安定で、痛みを強く感じるデリケートな時には、そういう焦りもあるでしょう。そんなの海馬を切除するくらいしないと無理です。どんなに科学が発展しても、失恋の特効薬はありません。

ブッダは、苦しみを手放すには**「理解で越える」**と説いています。

不倫をされ、人生が狂うほど辛い思いをした分、相手を責めて、恨まなければやってられないという人もいるでしょう。ただ、恨みを持ち続けるのは、衝撃を受けた当初の記憶を何度も思い出し、壊れて失ってしまった全てを呆然と眺めながら、自分の中に怒りや苦しみを留め続ける行為でもあるのです。

だから、そこを早く越えていく。これは周りに癒してもらって何とかなるものではありません。自分にしかできない作業なのです。

この恋が崩れて起きた大きな衝撃や悲しみ、相手に対しての恨みや怒り、これが起きているのは全部自分の中だからです。

どうやって越えていけばいいかわからない人は、**〔法灯明《ほうとうみょう》〕**に頼りましょう。

法灯明《ほうとうみょう》

仏の教えを拠り所（心の指針）とすること。

こういう時こそ、素直に仏様に頼ってほしいのです。心に明かりを灯してくれる仏教の言葉にすがり、救いを求めましょう。

『いろは歌』から学ぶ諸行無常

実は、私が恋の終わりに何度も助けられた法灯明《ほうとうみょう》があります。無常を歌った日本の『いろは歌』です。誰しも一度は聞いたことがある歌ですよね。

咲き誇った美しい草花、紅葉も自然界では季節の移ろいと共に散っていく。

不倫がなくとも、愛した人は必ず亡くなります。人生ではどこかのタイミング、もしくは最後に必ず別れがくるわけです。それが早くきたか、遅くきたか、どんな理由かはわからないけれど、必ずです。

悲しいけれど、別れを受け入れていける気持ちになりませんか？

この大きな痛みと苦しみをきっかけに人生の真理に目覚めていく。これが仏教の一つの誘《いざな》いでもあります。

時間がかかっても大丈夫。あなたはきっと、越えていけますよ。

不倫をしたパートナーのことを許してもいいですか?

許す、許さないはあなた次第です もし許すなら「律」を作ること

好きな気持ちが抜けないのだとしたら、「不倫をされたから」です。不倫だから余計に、という側面もあると思います。

人は、個人の顔、社会への顔、親や友人への顔など、いくつもの「自分の顔」を持っています。

結婚式、披露宴までやって、家族や友人、同僚の前で社会的にも「自分は結婚しました」ということを知らしめ、相手と大々的な約束を交わした。それなのに、不倫された。全部の顔に泥を塗られたわけです。

一つ前の悩みでも説明しましたが、「**私との大切な契約を破った！ 貴様ぁ**

～!!」と、相手に対する不信感、そして自分の最も大切なエゴが傷ついたというダブルショックがきているわけです。

つまりは「失ったものに対しての損失を埋め合わせたい」というバランス感覚的な感情を、「好き」という執着にすり替えている可能性もあります。

夫婦のルールを設定し直そう

不倫を越えて今は素敵な夫婦として関係を続けている方もいますよね。そうなりたい場合、必要なのがルールです。仏教では〔律〕と呼ばれます。

> 律
>
> 効率よく円満な集団生活を営むために定められたルール。修行者の集団でも、これを破ると罰則がある。

夫婦間で不倫を許す場合も律があるべきです。その際、間違えがちなのがこれです。

×相手に対して一方的に科すルール
○二人のルール

律を決める際、そのルールには相手だけじゃなく自分も含まれます。

肝心の内容ですが、例えば、1回目はお互い話し合って泥沼試合をする、それで許すのも良し。ただ2回目はもう許さない。こんな感じでいいと思います。

日常的に何かが起きた時、「どういうルールを設けようか」と話し合っておくと、お互いの自制にも繋がっていきます。

私も結婚したての頃、テレビで不倫のニュースを見ていたら、妻が「うちはどうしましょうか」と何気なく聞いてくれたことがあります。私は「一度は許すけどね」と言ったのですが、妻からは「私は一度も許しませんよ」と返されました（笑）。オープンに話し合うのも大切なことじゃないでしょうか。

結論、許すのはアリなのか？

本当に好きで一緒にいたいのであれば、律を定め、再スタートを切るのもアリだと思います。でも、その「好き」を因数分解してみると、こんな本音がありませんか？

・パートナーが不倫相手のところへ行くのが無理
・不倫相手に勝ったと思いたい
・離婚報告を親や友人、会社にしづらい
・不倫したパートナーだけがさっさと幸せになるなんてムカつく

好きの後ろに、もしこれだけモヤモヤがトッピングされているとしたら、人生、胃もたれしてしまいますよ。

人間関係において緊張感をなくすことが愛情だと思っている人もいますが、それは間違いです。外に出たら他人を気遣うように、友人にも、恋人にも、家族にも「ありのままの自分を受け入れてほしい」は通用しません。

だから、お互いが関係に甘えることなく、自分の責任を果たさなければならない。大人なら、ちゃんとルールを設け、二人で守りましょう。

そして、相手があまりにひどいなら、変に情をかけて引きずらず、慰謝料をたんまりもらって別れるのがいいと思います。

誠実さのないパートナーに、早々に見切りをつけて別れる覚悟を持つのです。覚悟を持って、きちんと「さよなら」を言える人は凛としていて美しいですよ。

不倫相手がパートナーよりも
自分を優先してくれるのは
愛されている証拠ですよね？

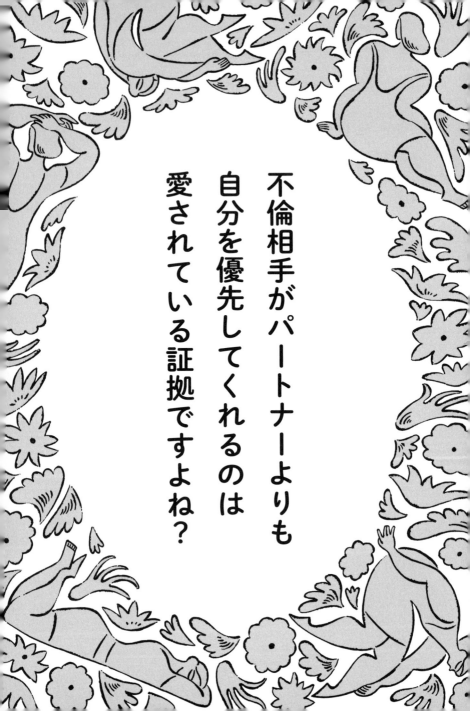

不倫する人が本当のことを言うでしょうか？あなたの大切な時間が奪われます

正直わかりません、真意は。

でも、客観的事実としては、ズルズルといたずらにあなたの時間が延ばされてしまっているなと感じます。

そもそも論を言ってもいいですか？　別れてからちゃんと付き合えばいいと思います。

不倫にハマる人の特徴は、仏教の言葉で**「忍辱《にんにく》できない人」**。忍辱《にんにく》とは、耐え忍ぶことだと説明しました。恋愛では、忍辱《にんにく》すなわち「待つことができるか」が重要なのですが、別れるまで待てなかった同士がしているのが不倫です。

恋愛だけではなく、仕事、人間関係においても「待つことができる」という資質はとても重要なことです。忍辱《にんにく》できない人は関係を育てたり、長い目で見て末広がりの喜びを共に楽しんだりできない可能性があります。

30代以降になるといろんな意味で焦ると思うのです、恋に結婚に。だから余計に待つことができない。これで始まったのが不倫だとしたら、焦ったがゆえにさらにあなたの時間は奪われてしまっています。

外食はおいしいけど毎日の味噌汁に勝てない論

「奥さんよりお金使ってくれてるし、毎週会ってるし、誕生日も一緒だもん」

たまにこうやって特別扱いされるから、優先されていると勘違いしている方がいます。当然だと思います。私も、家族とお客さんなら、お客さんのほうを丁寧に「特別扱い」して接します。

当然、日常の慣れきった、ダレきった関係よりは、新しい恋の新鮮な刺激のほうが喜べるわけです。たまに行く外食はおいしいし、心躍るでしょう。では、毎日食べたいか。大体の人が「やっぱりいつもの味噌汁のほうが……」となります。

彼が家に帰るのは結局リラックスできるからだし、あなたを大切にしているのは、キャンペーン期間中なのかもしれないと心得ておくべきです。

不倫相手にとってあなたは**「お客さん」「外食」「キャンペーン対象」**です。お客さんは身内にならないし、毎日の外食は飽きる。キャンペーンも、いつか相手の都合で終わりがきます。

本当に特別な存在だったら、あなたが「毎日の味噌汁」になっているはずです。

不倫を続けると何が起こるか

不倫の末路は経典『スッタニパータ』でも説かれています。

「自分の妻に満足することなく、遊女と付き合い、他人の妻と交わる。これは破滅への門である」と。

昨今は、慰謝料を払えば不倫問題も解決するかのように見えますが、さまざまな形で今後その人の人生を苦しめていくのが不倫です。お葬式の時に私たちお坊さんは全部、故人の結末を見ていますから。

『大智度論《だいちどろん》』という書の中の教説「邪淫《じゃいん》の十罪」にも不倫の末路について相当きついことが書かれています。

①嫉妬による危害：嫉妬した夫（妻）から命を狙われます。
②家庭の不和：夫婦仲が悪くなり、争いが絶えなくなります。
③悪事の増加：日々悪いことが増え、善いことが減っていきます。
④家庭の崩壊：夫（妻）や子に寂しい思いをさせ、家庭が崩壊します。
⑤財産の浪費：(不倫相手にお金を使うため）財産が減っていきます。

⑥疑念の対象：（嘘など）悪事を重ねて他人から信用されなくなります。
⑦信頼の失墜：親族や友人など、大切な人からの信頼を失います。
⑧恨みの種：後世まで恨みの種を残すことになります。
⑨死後の苦：身体《からだ》が壊れ、死後には地獄に落ちます。
⑩来世の苦：女性に生まれれば夫に、男性に生まれれば妻に浮気されます。

嫌なことが詰まった**「アンハッピーセット」**です。この教説を見た後も全く気にならずに不倫できる方、勇気ありますね。

この「アンハッピーセット」は、出家を選択して当事者から離れ、冷静かつ客観的に人々の暮らしのドラマを眺めてこられたブッダだから残せた、一つの警鐘であると思います。

第６章
性・セックスの悩み

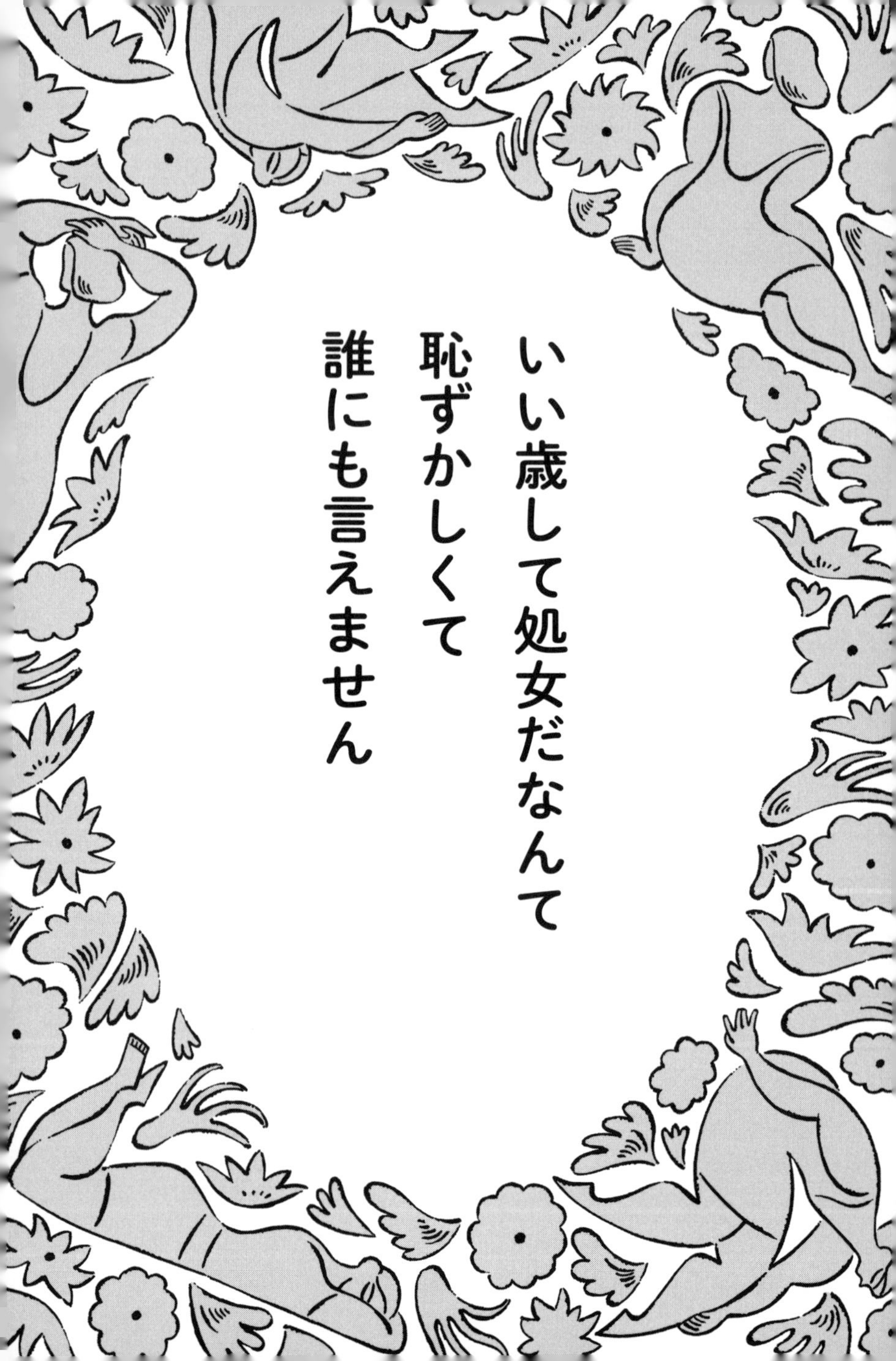

いい歳して処女だなんて
恥ずかしくて
誰にも言えません

全く恥ずかしいことではありません 恐れるべき対象を間違えないこと

まず処女や童貞は全く恥ずかしいことではありません。むしろ希少価値だと思います。じゃあ、あなたはなぜ恥ずかしいと悩むのか。正体はこれです。

①人間関係をうまくやれない自分が恥ずかしい
②周りと比べた劣等感のせいで恥ずかしい

①のように今まで築いてきた人間関係に自信がない場合、「私って性格が頑固？」「他の人と比べて未熟なのかも」「人間関係の経験値が低い？」などと悩んで自分を責めてしまうかもしれません。

ごめんなさい。それ、正直当たっていると思います。だからこそ「恥ずかしい」で思考停止せず、自分を省みるいいタイミングだと捉えてください。

②のように周囲と比べて恥ずかしい場合、これは誰が言ったのでしょうか。スマホを触っていると、検索上位には結婚相談所とか、マッチングアプリのサイトだとかが出てきて、あなたに吹き込むわけです。「結婚しましょう」「出会いましょう」と。あれはコンプレックスをお金に変えたいサービスの撒き餌です。真に受ける必要はありません。

気づき始めたことも大きな一歩

仏教では、〔慚愧《ざんき》〕という言葉があります。

慚愧《ざんき》

・慚《ざん》＝恥じること
・愧《き》＝怖がること

仏教は恥ずかしいことを恥ずかしがるべきだと説きます。さらには、怖いことを怖いと思わないほうが怖いよ、と。

恥ずかしいのは「処女であること」ではなく、「何なのか」をちゃんとわかった上で、それを怖がろうということです。

あなたが本当に怖がるべきは、ある程度の年齢になっても同性、異性含めて人間としての健全な関わりを克服できていないことです。

守るべきはプライドではなく身体《からだ》

他人との身体接触を避けるのは、成長過程ではとても健全なことです。

人は、赤ちゃんの時はお母さんにべったりですが、だんだん他人との距離を取るのがうまくなり、思春期には「お父さんの洗濯物と一緒に洗わないで」などと、親を拒否するくらい突っぱねるようになります。この感覚こそ健全な自立です。そういった意味でも、異性との身体接触はやはり特別なことなのです。

処女や童貞は、一番好きな人とのセックスで卒業できたら幸せだと思います。でも、そうする「べき」に縛られないでほしい。「特別だから」と一度も開けない宝箱のごとく持っておくものでもありません。

「あなたは、今までに会った人の中で三番目ぐらいに好き。一番じゃないけど、仕方ないから私の処女を捧げてあげる」

こういう感覚があるとしたら、相当思い上がっています。

もちろん「無理やり捨てなきゃ」ということではありません。私が言いたいのは、ある程度の年齢になって、いざとなったら「怖くてできない」とか「捨ててやる！」とか言ってしまうのも少しお子ちゃまだということ。「あ、この人となら」と思ったら、自然な流れで相手を受け入れてください。

処女や童貞の卒業って、成熟した大人であれば、生き物として自然に上っていく階段の、ただの一段です。

ただ、もし私が女性だったら妊娠のリスクもあるので、「身体《からだ》目的なのか？」というところは、段階的に様子を見ると思います。

つまり、守るべきは「お子ちゃま的プライド」ではなく、「あなたの身体《からだ》」、それだけなのです。

女性用風俗で
心を満たすのはアリですか？

本当に満たされますか？ 欲は刺激を与えるほど強くなります

過去現在未来、性欲は潜在的にある根本的な欲求なので、そこに良いも悪いもありません。女性用風俗も「あってはいけない」わけではない。ただ、私としてはとても心配です。

これから、どんどん女性用風俗のニーズが増えていくとどうなるのでしょうか。

①サービスの供給が増え、ライバル店が競い合う
②サービスのクオリティが上がる
③ついには神業プロが誕生！

「性欲や寂しさをお金で解決できるなんてお手軽！　最高！」ですか？

女性心理、女性の肉体、快楽の仕組みを徹底的に研究して理解し、練習したプロが、お金になるからと狙いにきます。それに対して、あなたは欲を人質にされ、ずっとお金を払ってしまう。

これで、本当に満たされるんですか？

例えば、薬物中毒の人はクスリが切れたら精神が不安定になります。そこで、クスリを注入できたら「ああ、満たされた」というわけです。

・クスリの快楽を人質にお金を払っている
・性の快楽を人質にお金を払っている

はっきり言って同じ構図です。こんな状態を「満たされている」と呼んではいけないのです。しかも弊害として、自分の夫、恋人よりも、快楽に特化したサービスを求めてしまうようになれば、愛で満たされなくなってしまいます。

そう思うと、麻薬より恐ろしいかもしれません。

本当の充足はお金じゃ買えない

修行僧の道においてセックスは**「風紀の乱れを激しく助長するもの」**として禁止されているほどの代物です。

ブッダに一番近かった弟子のアーナンダも、超イケメン僧侶だったがゆえに誘惑も多く、悟りを開くのが遅くなったと言われています。

本来、セックスをするには交渉をして、相性のいいパートナーを見つけて、つがいになる必要があります。これは、本当に面倒くさいステップです。でも、私たちが生きていくために欠かせないことでもあります。

こういう精神的なやり取りをすっ飛ばして、お金を払えば性欲や孤独が満たされるのは手っ取り早くて魅力的です。でも、私にはとても危険なことに思えます。

できれば、そういうところにお金を払う必要のない、充足した人間関係を自分の周りでちゃんと築いてほしいのです。

渇愛《かつあい》を止めよ

実は性風俗には、人間がハマってしまう要素がたくさん詰まっています。眼、耳、鼻、舌、身、意（心）、この六根全てから快楽が満たされる。それもかなり手軽に。だからこそ、危ない。

これでは、求めても求めても足りなくなります。「もっともっともっと！」と。仏教ではこの状態を〔**渇愛**《かつあい》〕といいます。

渇愛《かつあい》

喉の渇きのように、何をしても癒されない心の渇きのこと。

ブッダは**「渇愛《かつあい》という状態に気づいて止めよ」**と説いています。

渇愛《かつあい》は満たせば満たすほど、刺激の量と質、回数を求めて際限なく欲が膨らんでいくのです。これが満たされないと感情が暴走し、時には悲しくなり、苦しくなり、最終的に怒りとなる。なぜなら、求めたものが得られないから。

今の時代は、お金ですぐにさまざまな欲を満たせますが、満たすだけでは渇《かつ》愛《あい》は止まりません。

心の穴のような、孤独の感情は誰でも持っています。それに気づいて、智慧で越えていくこと。誰しも満たされない気持ちとの付き合い方を試行錯誤しながら、やがて魅力的な人になっていくのです。

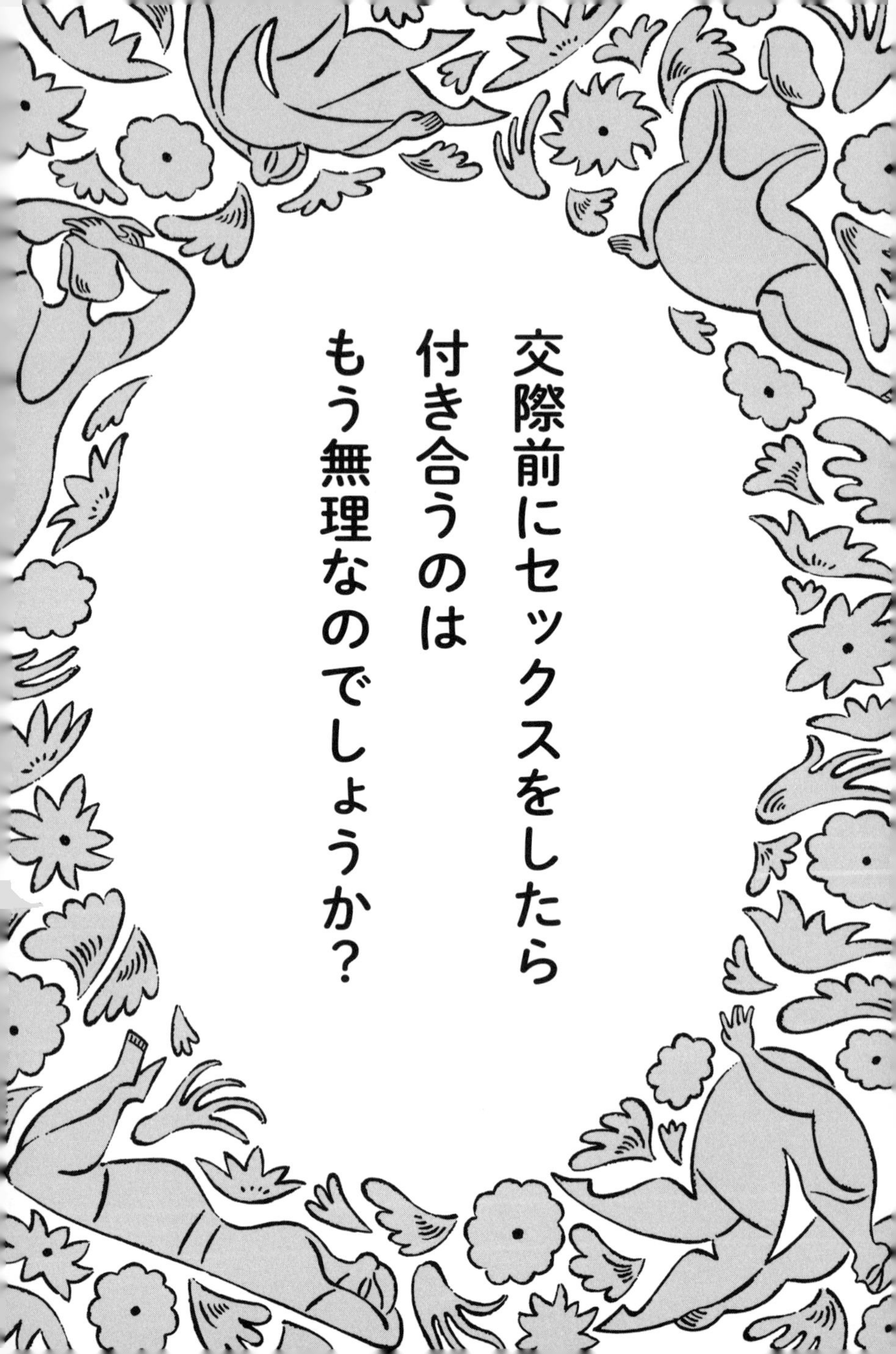

交際前にセックスをしたら付き合うのはもう無理なのでしょうか?

無理ではありませんが「センスがないな」と思います

セックスをしたら×、しなかったら○という話ではありません。

今のあなたに必要なのは「ヤっちゃったけど付き合いたい、どうにかできないか」とスマホで血眼《ちまなこ》になっていろいろ検索することではなく、**「セックスする相手を見極めていくセンス」**を培うことです。

そもそも簡単にそういう関係になると、男性はこう考えます。

・俺以外とも流されたらそうなるんだろうな〜！
・結婚は無理だけど、付き合うだけならいっか！

「簡単にセックスができる相手」だと彼が認識してしまうと、結婚相手の候補から除外され、今は付き合えても将来大きなマイナスポイントとして残ります。

「善いことをして、悪いことはやめなさい」と、仏教の教えはシンプルです。仏教における善悪は、道徳的な善悪ではありません。何度も説明しているとおり、巧みか巧みでないか。今回の状況を分析するとこうです。

【道徳的な善悪の視点】

身体《からだ》を許したのに、急に冷たくなって、連絡が途絶えた！　相手が悪い！

【仏教的な善悪の視点】

交際の約束をしていない相手と性行為をした。妊娠のリスクがあることを考えた時に、女性として巧みな行為ではなかった。

今後は、その人とセックスすることは「自分にとって巧みなことであるかどうか」という視点で考えてみてください。どれだけ理性を持ちながら向き合えるか。それが大人の恋だと思います。

将来の話ができない相手とセックスするリスク

気になる人ができたら、こんな質問で相手の価値観を探るといいでしょう。

- 結婚は何歳までにしたい？
- 将来子どもは欲しい？
- 結婚したら持ち家派？　賃貸派？

恋愛初期から結婚観？　重くない？　そう考えて、こうした内容に踏み込めない人もいますよね。でも、将来のことを対話できない相手と付き合うこと、ましてやセックスをすることは自分にとってすごくリスキーではないでしょうか。これらの質問は逆に序盤だから軽くできます。身体《からだ》を許すよりも簡単に。セックスは快楽を伴うわずか数十分の行為。だけど、特に女性の場合は、子どもができて人生の大転機になる可能性（リスク）もあるのです。

相手を見極めるセンスの育て方

「エッチしてから彼がそっけない。私は好きなのに、向こうは遊びだったの!?」

これは、女性として「いい相手を選べなかった」という運命の結果です。はっきり言ってセンスがないのです。選び方が悪い！　自分のセンスのなさにいい加減気づかなければいけません。

そして、〔**人格**〕を磨くことが必要です。

人格

三業《さんごう》からなる個人の人間性。習慣が作るものでありながら、環境の中で学び、育っていくものでもある。

例えば、子どもの頃はみんな、足が速くてスポーツが得意な子を好きになりがちです。でも、中学生ぐらいになると、音楽や絵が得意だったり、勉強がすごくできたり、「いいな」と思える視点が増えていきます。さらに大人になると、欠点が愛《いと》おしいと感じることさえできるようになる。

一つの側面でしか物事を測れなかったのが、見る目が育つ中で、人の価値や本質に気づけるようになっていきます。これが人格の成長です。

大人になっても、目に見えるものでしか物事を判断できない幼い恋愛観だと、また「セックスしたのに付き合ってもらえない！」と悩むことになります。

今一度「嫌い（瞋《じん》）」「どちらでもない（痴《ち》）」の世界に飛び込んで、センスと人格を磨く修行をしてみましょう。

パートナーとのセックスが
3か月に1回って
やっぱり問題ですよね?

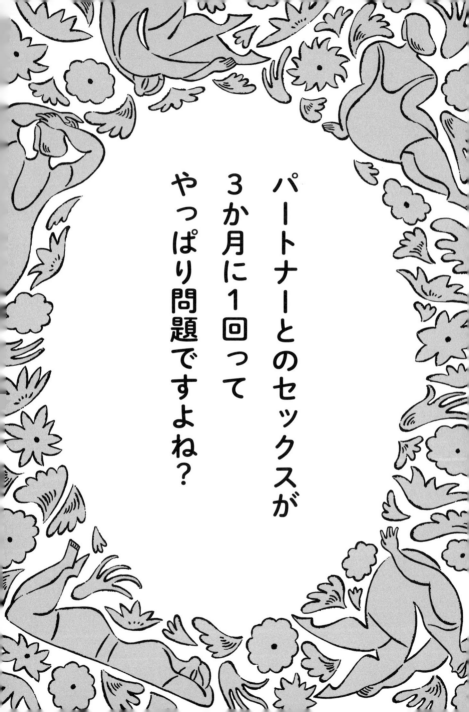

セックスに回数の基準はありません お互いの「丁度いい頻度」を話し合うこと

「少ない。30回を目指しましょう！」

もし、私がそう言ったとして、それはちょっと変ではありませんか？　よく日本は統計的にパートナー間のセックスが少ないと言われますが、数が多ければいいという単純な問題でもないと思います。

テレビもネットもない一昔前は、娯楽が少ないので自然と夫婦間のセックスが増え、子どももたくさんいました。

そう考えると、サブスク、YouTube、ＳＮＳとコンテンツが増え、共働きになっている今は、時間も気力も性欲に向かない環境が揃っています。その上、衣食住に困ることもなく、しようと思ったらいつでもできる。だからこそ焦りもない。これでは、頻度が低くなっていくのも当然だと思います。

私が思うベストは**「自然で心地いいと感じる頻度」**です。あくまで二人の関係なので、具体的な回数はわかりません。結局丁度いい回数は二人が決めること。その際に重要なのは、お互いを尊重することです。

セックスレスにおける尊重とは

良行な人間関係を築くための習慣や態度を説いた『六方礼経《ろっぽうらいきょう》』というお経がありますこのお経の中で、夫婦がうまくいく秘訣として**「男女共に、互いを尊重すること」**と記されています。

セックスは、夫婦にとって子孫を残すために欠かせない重要な儀式であり、互いを愛《いと》しみ労る繊細なコミュニケーション。良きセックスのためには、精神的にも肉体的にも、お互いを尊重し、歩み寄る努力が必要なのです。どちらかが「ダルい、めんどい、眠い、疲れた」という時でも、相手とのコミュニケーションを優先させるには、**努力義務的な側面**もあると思います。

努力を怠ったらどんな関係も破綻しますよね。お互いのことが大切だったら、大切な存在としてちゃんと関わらなければいけないのです。

ただ、私が男性の気持ちを代弁すると、こんな問題が潜んでいるかもしれません。

- 勃たなかったトラウマがある
- セックスに対して自信がない
- 以前拒否されたことで怖くなっている
- 体力が落ちて身体《からだ》や心の状態が芳《かんば》しくない
- 自分で済ませている

いろんなことがセックスレスに繋がっているはずです。気になることがあったら話し合ってみてください。改善できる部分もあると思います。

腹を割って話してみよう

話し合いをせず原因を置き去りにして、無理やり回数だけを増やしても、関係が回復するわけではありません。腹を割って、一度向き合ってみましょう。

とはいえ、セックスレス問題をパートナーにどう切り出すか。そもそもこの話題自体、自分から切り出すのはとても勇気がいるし、恥ずかしさもある。もし良かったら、この『愚恋に説法』をきっかけに使ってください。

「私から言い出したんじゃないよ！　大愚和尚の本に話し合ったほうがいいと書いてあったから‼」

精神的&肉体的にもデリケートなテーマなので、どちらかが何かを我慢しながらでは、お互いがセックスで満たされ、深まり、「幸せだね」と思える状況にはならないのです。

そういう意味では、対話も、セックスも、お互いを知るためのコミュニケーションでありながら一つの**「神聖な儀式」**といえるかもしれません。

もし可能なら、神聖な儀式として月に1回ほどお互い仕事を休んで、スマホを置いて、「一緒にゆっくり過ごす日」を作るのもおすすめです。結果、セックスに繋がる1日になるかもしれません。

完璧でなくてもいいのです。たとえセックスがなかったとしても「今日は二人で過ごせて楽しかったね」なんて言葉を交わせたらいいですよね。

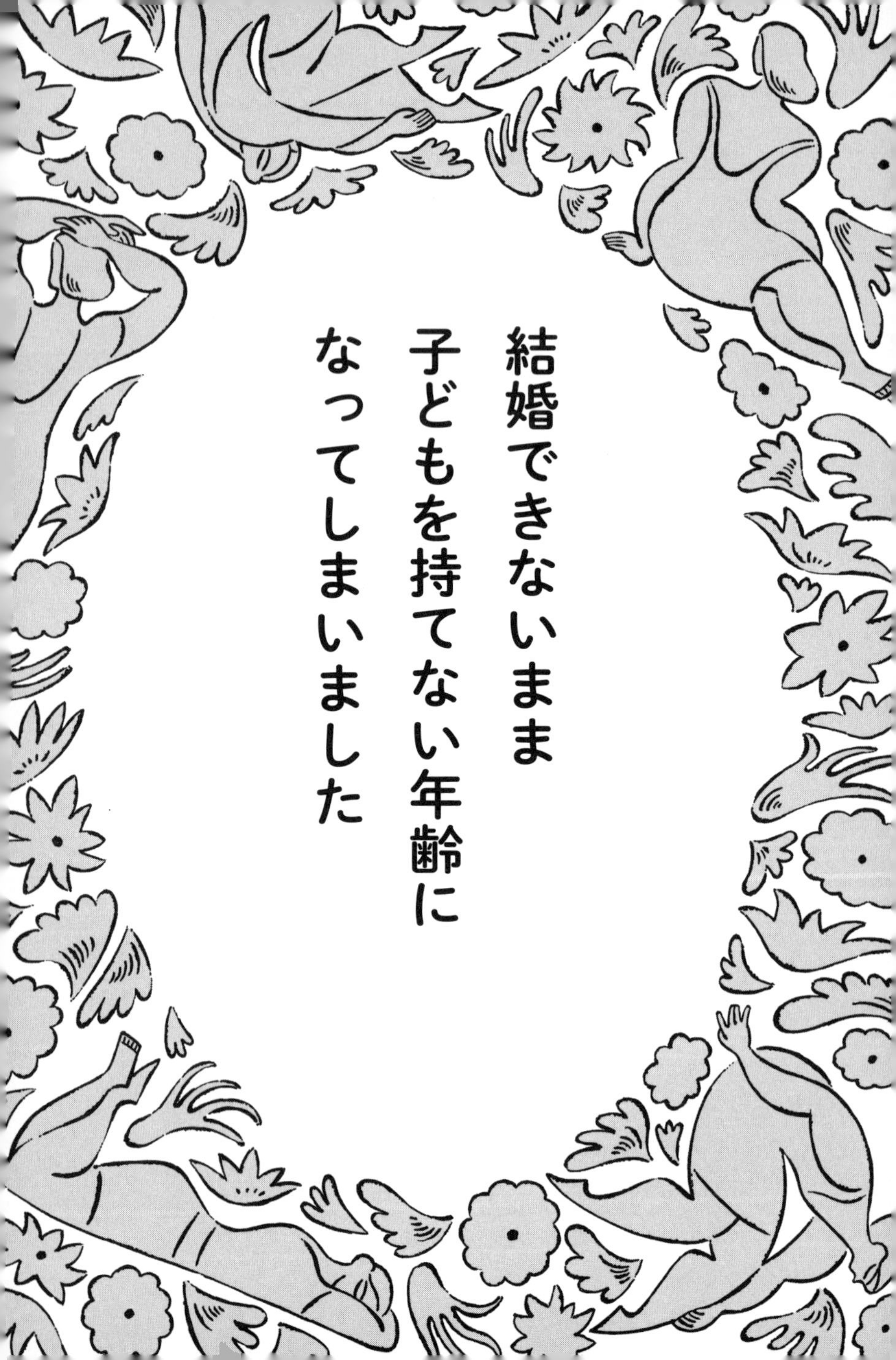

結婚できないまま
子どもを持てない年齢に
なってしまいました

人生の苦しみを選ばなかっただけ 愛より慈悲心を育てましょう

仏教では出家した人たちは結婚をしないし、子どもも持ちません。その理由を知っていますか？　結婚も子どもも「苦しみ」を生むからです。

現代は、結婚も子どもを持つことも「キラキラハッピー！」みたいなイメージが先行しがちですが、2600年前において結婚や子育ては、経済的にも肉体的にも精神的にもいろんな意味で「苦」に繋がっていくと説かれていました。

「出家って何かストイックな感じ」と思われがちですが、実際は逆なんです。全てを手放して出家しておられるお坊さんたちに言わせれば、「結婚して子どもをもうけた？　おめでとう！　でも、やっちゃったね」となるわけです。

ブッダには妻と「ラーフラ」と名づけられた子どもがいました。意味は、サンスクリット語で「妨げ」。ブッダにとって子どもは人生を縛りつける大きな障壁だったのです。

では、なぜ人は子どもが欲しいと望み、悩むのでしょうか。

それは肉体的な本能と「〝この人〟の子どもが欲しい」「〝自分〟の子どもが欲しい」というエゴのせいです。

・肉体的訴え＝「生命として種を残そうよ」
・エゴの訴え＝「自分の分身が欲しいよね。自分を残したいでしょ？」

「結婚することが全てじゃない」とか「子どもが欲しいかわからない」と頭で思っても、産める年齢の限界に近づくと、肉体の声とエゴが殴り込んできて、何とも言えない焦りが襲ってくる。この苦悩に誰しも一度は振り回されます。

自分が選ばなかった選択は良く見える

現代の人は、人生のオプションのような軽い感覚で「そろそろ子どもが欲しいし結婚しようかな〜」などと舐めたことを言う。そんなの生物界で人間だけです。命のレベルからすると、子育てって次の時代に子孫を残していく、**ものすごく大きな命がけのプロジェクト**のはずなのです。

もし子どもが大切で本当に欲しいなら、さっさと結婚してもうければ良かった。「縛られたくない」「あの人は嫌だ、この人は嫌だ」「今はキャリアが……」そう言って、大変なことを先送りしてきた、自分の選択でもあります。

そして、結婚して子どもがいる人が羨ましく見えるかもしれませんが、それはそう**「見えるだけ」**です。ないものねだりですね。結婚して子どもをもうけた人には、あなたが経験することのない苦悩がたくさん訪れます。

「子どもがいて後悔してるわ」などと、誰も公には言えませんが、している人もいると思います。

子どもではなく慈悲心を育てよ

子どもがいないまま、将来自分一人で生きていくのが怖い。

そんな方は、出家者を見てください。**出家集団は独り者の集まり**です。その集まりが、「辛くて寂しい」ものであったら、出家集団が永続することはありません。

問題は心を許せて尊敬できる仲間の作り方ですよね。

人生の友を作るためにブッダは**「与えなさい」**と説きました。与えるものは知識、技術、お金、物、場所、何でもいい。とにかく自分が持っているものを常に誰かへ与えるスタンスで生きよ、と。〔**慈悲心**〕を持て、と。

慈悲心

自分の家族を愛するように、隣人にも思いやりを広げていく心。

慈悲心は、恋人や家族がいなくても持てます。何なら、子持ちの方も、子どもが自立していったら、今度は近所の子どもの面倒を見るなど、自分の子どもへの愛から隣人への慈悲心に目が向くようになります。

人生の円熟と共に、人間は遅かれ早かれ慈悲心を育てるフェーズに入ります。子どもがいない場合、むしろ慈悲心と向き合う時間が長く取れるのです。

子どもを持たなかったからこそあなたには余裕があり、多くの人々へ自分の持てる何かを分け与えていける。そして、あなたが慈悲心を向けた相手は、いつかきっとどこかで助けてくれます。こんな人生も悪くないと思いませんか？

おわりに

この本を手に取った方は、仏教による「速攻で恋に効くお経」とか「秒で心を癒す禅」みたいな裏ワザを期待されていたかもしれません。そういうものはないのです、ごめんなさいね。

どんな悩みにも私が共通して伝えたいことは、一貫してこれです。

恋愛に振り回されて、二度とない人生を台無しにしないでほしい。

人生は、恋、結婚、子どもに囚われて、苦しくなる瞬間もあるでしょう。でも、愚かな恋の沼に自ら落ちていき、全てを棒に振ってほしくないのです。

そのためにブッダの視点を知って、視野を広げ、そして自分に立ち返り、ちょっとでも人生を巧みに生きてほしいというのが私の願いです。**「ブッダバロメーター」**を心の中に持つことができれば、あなたの人生や運命はきっと変わり始めるはずですから。

・十重禁戒《じゅうじゅうきんかい》で人を見る→関わってはいけない相手がわかる
・エゴを知る→苦しい時「あーしんどい。あれ、これがエゴ？」と気づく
・三業《さんごう》を意識する→毎日の挨拶から出会いが広がり、運命も変わる

少しだけ仏教の力を借りて、願わくは人生を巧みな方向にコントロールできるようになってほしいのです。

辛い別れで人生のどん底に落ちた時、パートナーとうまくいかない時、仏教をガンガン頼ってください。この本を繰り返し読んでもいいし、私のYouTubeもあります。自分に刺さりそうな賢者の教えをポチって読むのもいいでしょう。

経典をわざわざ中国からインドへと馬に乗って取りにいった三蔵法師様も、

今の時代の進化を見たらずっこけるでしょうね。

ブッダの教え、とても気軽に触れられます。テクノロジーの進化に感謝です。

恋人も、結婚も、子どもも全て望むなら、三業《さんごう》を変えてあなたが追い求める運命を掴んでほしい。でも、極論全部、持たなくてもいい。善友を得れば、人生それだけでも豊かになりますから。

この本を最後まで読んでくださったあなたはもう、そんな仏教の教えをご存知ですよね。ちょっと気楽になったのではありませんか？

最後に、恋人、伴侶、友人、師を含む、**善友を得るためのコツ**をお伝えします。それは、慈悲・智慧・佛性《ぶっしょう》の3つを育てることです。

・慈悲を育てる＝家族愛を超えた生きとし生けるものへの慈しみを持つ

・智慧を育てる＝世間の常識や自分の器を離れて人生を俯瞰してみる

・佛性《ぶっしょう》を育てる＝生まれ持った能力や感性を社会に役立てて生きる

私は決して魅力的な人間ではありません。けれども、YouTubeで配信している動画を見つけてもらい、心が痛い時にこれを観た方から「勇気をもらった」なんて言っていただけるようになりました。

これは、いろんな人との出会いや繋がり、自分の持っている自信と知識、そして能力や感性を社会のために発揮して、人様のお役に立てないかと思って生きている、つまり慈悲・智慧・佛性《ぶっしょう》の3つを積み重ねてきた結果です。

慈悲心を持って周りの人を大切にし、外に広がる大きな世界を見て、あなたの命を社会のために生かしていってください。

向き合い方、やり方は人それぞれだと思います。でも、慈悲・智慧・佛性《ぶっしょう》の3つを積み重ねて人生を堂々と凛として生きることができれば、人としての魅力が開花します。

そういう人って、モテるんです。良い人が寄ってきて、善友が増えて、巧みな人生になっていくのです。

ね？　仏教って、いいでしょう？

大愚元勝　（たいぐ・げんしょう）

佛心宗大叢山福厳寺住職。慈光グループ会長。
僧名「大愚」は、大バカ者＝何にも捉われない自由な境地に達した者の意。駒澤大学、曹洞宗大本山総持寺を経て、愛知学院大学大学院にて文学修士を取得。僧侶、事業家、セラピスト、空手家と４つの顔を持ち、「僧にあらず俗にあらず」を体現する異色の僧侶。近著に『幸せに生きる49の処方箋 人生の後半戦、「自由」に生きる術を身につける。』(大洋図書)、『心が整うおみおくり 残された人がよく生きるための葬儀・お墓・供養のこと』(中央公論新社)。

愚恋に説法
恋の病に効く30の処方箋

2024年12月21日　初版第1刷発行

著者　大愚元勝
発行人　宮澤明洋

発行所　株式会社小学館
〒101-8001　東京都千代田区一ツ橋2-3-1
電話　編集　03-3230-5930
販売　03-5281-3555

印刷所　萩原印刷株式会社
製本所　株式会社若林製本工場

編集　井田愛莉寿
編集協力　坂本実紀
装丁・本文デザイン　六月
イラスト　大内郁美
DTP　株式会社昭和ブライト
販売　坂野弘明
宣伝　山崎俊一
制作　尾崎弘樹　畑 大河

Printed in Japan ISBN978-4-09-389181-3